Laura Fröhlich

DIE FRAU FÜRS LEBEN IST NICHT DAS MÄDCHEN FÜR ALLES

Laura Fröhlich

DIE FRAU FÜRS LEBEN IST NICHT DAS MÄDCHEN FÜR ALLES

Was Eltern gewinnen, wenn sie den Mental Load teilen

KÖSEL

MIX
Papier | Fördert gute Waldnutzung
FSC® C083411
FSC
www.fsc.org

Penguin Random House Verlagsgruppe FSC® N001967

5. Auflage 2024

in der Penguin Random House Verlagsgruppe GmbH,
Neumarkter Str. 28, 81673 München
Umschlaggestaltung: Weiss Werkstatt München
Umschlagfotos: Laura Fröhlich
Redaktion: Dr. Clarissa Czöppan
Illustrationen: Helke Rah
Satz: Satzwerk Huber, Germering
Druck und Bindung: CPI books GmbH, Leck
Printed in Germany
ISBN 978-3-466-31146-0
www.koesel.de

INHALTSVERZEICHNIS

EINLEITUNG

STELLENANZEIGE:

*Wir suchen DICH! Wenn du eine äußerst motivierte, fleißige und ausgezeichnet organisierte Person mit großer Begabung für das Heraushören von Zwischentönen bist, ist dieser 24/7-Job das Richtige für dich. Wir bieten dir Jubel, Trubel, Heiterkeit, schräge und harmonische Melodien und eine Bühne zum kreativen Austoben. Du dirigierst das Familienorchester, bist verantwortlich für die richtigen Einsätze, das Tempo und natürlich das musikalische Ergebnis. Zum Job gehört, die Musiker*innen bei Laune zu halten, die Instrumente zu pflegen und die Noten jederzeit zur Hand zu haben. Leider können wir dir kein Gehalt bieten, Urlaub ist nicht drin und das mit der Sozialversicherung ist auch ein schwieriger Punkt. Ach so, applaudiert wird nur für die erste Geige, also bitte keine großen Erwartungen, was die Anerkennung angeht. Aber das bist du in der Branche ja gewohnt. Sonst macht's Spaß hier bei uns, wir versprechen es dir. Haben wir schon erwähnt, dass sich für unsere Art von Orchester nur Dirigentinnen eignen? Ausschließlich sie haben das nötige Feingefühl und können sich mental ganz auf die sensiblen Musiker*innen einstellen. Interessiert? Dann schicke deine aussagekräftige Bewerbung an mentalload-sinfonie@orchester.de.*

Ich freue mich, dass du dieses Buch in Händen hältst und dir Zeit zum Lesen nimmst, denn vermutlich hast du genug andere Dinge zu tun. Bis vor Kurzem wusste ich jedenfalls eines ganz genau: Wenn ich mich nicht um die Familien-Organisation kümmere, tut es keiner. Merke ich nicht, dass die Zahnpasta zur Neige geht, schreibe ich keine neue auf den Einkaufszettel und besorge sie nicht, werden wir bald mit einer leeren Tube im Bad stehen. Wenn ich mich nicht um den Kindergeburtstag meiner Tochter kümmere samt Geschenken, Kuchen und Konfetti, werden wir nichts für den Gabentisch haben. Kommt dir das bekannt vor? Machst du auch all die Arbeit zu Hause, die nie aufhört und die keiner sieht? Weißt du auch immer Bescheid, wo die Siebensachen deiner Lieben sind, und macht es dich ebenso müde, dass dein Kopf voll damit ist? »Hey, Laura, wo liegt mein Geldbeutel?« oder »Mama, wo ist mein Fußballtrikot?« Manchmal dachte ich, ich wäre die Sprachassistentin meiner Familie.

Du bist garantiert diejenige, die an alles denkt, die organisiert und plant, neu kauft oder ersetzt, tröstet und ermutigt, sich Termine merkt und daran erinnert, nachhakt und immer an die Ersatzklamotten für die Kinder denkt. Ich wette, wenn du morgens aufwachst, bricht sich eine Lawine von Aufgaben Bahn durch dein Gehirn. Wie dir und mir geht es Millionen von Frauen, und ich habe mich lange gefragt, wieso wir diese mentale Last tragen, auch Mental Load genannt, die für unsere psychische Gesundheit weitreichende negative Konsequenzen hat. Ich bin diesen Fragen auf die Spur gegangen. Was führt dazu, dass wir plötzlich in der Rolle der Kapitänin stecken, die als Einzige den komplizierten Alltag mit seinen endlosen Aufgaben im Blick hat? Welche Rolle spielen dabei unsere Partner und wieso verd*** noch mal schlafen sie abends entspannt auf dem Sofa ein, während wir den Urlaub auf dem Ponyhof planen und Matschhosen in Größe 110/116 bestellen?

Weltweit leisten Frauen und Mädchen den Großteil der Haus-, Pflege- und Fürsorgearbeit – pro Tag sind das laut einer Oxfam-Studie 12,5 Milliarden Stunden. Legt man den Mindestlohn zugrunde, ist das eine Wirtschaftsleistung, die das Vermögen der Superreichen übersteigt.[1] Aber diese Leistung taucht nicht in der Statistik auf, weil Hausarbeit, Pflege- und Fürsorgetätigkeiten in Familien, Haushalten und Gemeinschaften als selbstverständlich betrachtet werden. Wer sich kümmert, verliert, das gilt auch für Mütter in Deutschland. Sie verdienen im Schnitt 61 Prozent weniger als Väter, weil sie in Teilzeit arbeiten, generell schlechter bezahlt werden als Männer oder andere Berufe wählen, und leisten dafür insgesamt 52 Prozent mehr unbezahlte Sorgearbeit.[2] Mental Load legt ein System offen, das Frauen diskriminiert und Männer privilegiert. Das zu erkennen kann schmerzhaft sein, aber es ist ein wichtiger Schritt in Richtung Gleichberechtigung.

Was wir grundsätzlich brauchen, sind strukturelle Veränderungen, die es Familien und vor allem Müttern leichter machen. Ich wünsche mir Frauen, die mit Protestschildern und Trillerpfeifen auf die Straße gehen und Veränderungen fordern, wie es die Isländerinnen getan haben. Aber wie sollen sie das schaffen, wenn sie viel zu müde sind von all der Care-Arbeit und keine Kraft mehr haben für den Aufstand? Auch aus diesem Grund muss die Revolution zu Hause beginnen. Das Private ist politisch, und indem wir uns mit unserer Lage auseinandersetzen und Veränderungen im Kleinen anstreben, bewegen wir gemeinsam Großes.

Worum geht es in diesem Buch? Mental Load heißt, an alle Aufgaben, Termine und täglichen Routinen denken zu müssen, und das ist besonders im Familienalltag ein unendlicher Berg an Dingen. Es bedeutet auch, unter dieser mentalen Last zu leiden, denn der Kopf hat nie Pause, und das kann krank und traurig machen. Ich habe es selbst erlebt, aber meine Geschichte ist nichts Besonderes und könnte in vielen anderen Familien genauso erzählt werden. Wenn du bisher wie ich die Kapitänin des Familienschiffs warst, setz nun deine Kapitänsmütze ab, leg die Füße hoch und komm mit mir auf eine Reise, auf der wir gemeinsam mit unseren Partnern dafür sorgen, dass der Lärm in unseren Köpfen endlich leiser wird.

Wir widmen uns in diesem Buch auch unserer Psyche und gehen der Frage auf den Grund, wie sehr uns unsere Erziehung prägt, warum es uns so schwerfällt, Verantwortung abzugeben und wieso wir Frauen unter dem eigenen Perfektionismus leiden. Das hat weitreichende historische Gründe und ist nicht so einfach abzulegen. Welche Auswirkungen hat die mentale Last auf uns selbst, auf unsere beruflichen Karrieren und auf die gesamte Gesellschaft? Schritt für Schritt machen wir uns im dritten Teil des Buches daran, Lösungen zu finden. Wie können wir unser eigenes Bild vom Muttersein verändern und unsere hohen Ansprüche überdenken? Wie ist es möglich, den Mental Load mit unserem Partner zu besprechen und die Arbeitslast mithilfe digitaler und analoger Werkzeuge gerechter zu verteilen? Dabei kommt immer wieder Ärztin und Coach für Konflikt- und Stressmanagement Dr. Mirriam Prieß zu Wort, die uns wichtige Hintergründe unseres Verhaltens erläutert. Am Ende jedes Kapitels findest du eine kurze Zusammenfassung, die du zur Hand nehmen kannst, um anderen Menschen das Problem mit dem Mental Load zu erklären.

Mein Mann Anton ist gerade Brot holen. Außerdem hat er sich heute in seiner Mittagspause um einen Stapel Fotos für die Freundebücher der Kinder gekümmert. Ich bestelle dafür die Überweisung zum Hals-Nasen-Ohrenarzt und schreibe eine Mail an den Steuerberater. Das Familienalbum erstellen Anton und ich am Wochenende zusammen, und außerdem haben wir beschlossen, dass es Wichtigeres zu tun gibt, als den Keller auszuräumen – nämlich mal in Ruhe miteinander Kaffee zu trinken. Wie wir das hingekriegt und unser Zuständigkeitsdilemma gelöst haben, verrate ich dir in diesem Buch. Die Veränderungen, die nötig sind, hat Tiffany Dufu wunderbar in ihrem Buch *Den Ball weiterspielen* zusammengefasst: »Ich erwarte wesentlich weniger von mir und viel mehr von meinem Mann als die meisten anderen Frauen!«[3] Lange genug haben die Frauen das Familienorchester dirigiert. Es wird Zeit, dass wir uns diesen Job mit den Männern teilen. Die Frau fürs Leben ist schließlich nicht das Mädchen für alles!

DAS PROBLEM MIT DEM MENTAL LOAD

EIN JOB, DEN KEINER SIEHT

KINDER, KÜCHE, KATASTROPHE – MEINE GESCHICHTE

Es hat gedauert, bis ich erkannte, was mit mir los war und warum Mental Load mein Problem genau beschrieb. Lange hatte die Last nämlich keinen Namen. Ich spürte nur, dass da etwas Schweres auf meinen Schultern lag, das an mir zehrte. Vor neun Jahren kam unser Sohn auf die Welt. An die Dauermüdigkeit gewöhnte ich mich irgendwann, aber sie ging nahtlos über in eine andere Art der Erschöpfung. Am Anfang war ich müde, weil ich meinen Sohn nachts stillte. Zwei Jahre später kam unsere Tochter auf die Welt, und die Nächte wurden weiterhin von Mahlzeiten oder verloren gegangenen Schnullern unterbrochen. Die Mattheit kam aber schon bald nicht mehr nur durch den fehlenden Schlaf, sondern vor allem von meinem vollgestopften Kopf. Dabei tat ich in meiner Wahrnehmung nichts Anspruchsvolles: Mich um die Kinder kümmern, Brei kochen, aufräumen und Wäsche waschen waren schließlich banale Alltagstätigkeiten.

Ich brütete nicht über komplexen Gedanken, dafür hatte ich immerzu Dinge im Sinn, die ich erledigen musste. So fand mein Kopf nie Ruhe. Während ich mich um die Beikost-Einführung meiner Tochter kümmerte, musste ich für meinen Sohn an Wechselkleider für den Kindergarten denken, eine neue, wasserfeste Wintermontur besorgen oder den Adventskalender füllen. Außerdem stand mein Wiedereinstieg in den Job bevor und die Eingewöhnung der Kleinen in die Kita, beides zwei aufwendige Großprojekte, die mich mental begleiteten. Dann stand ein Winterurlaub an, und allein bei dem Gedanken an die Packliste mit all den Sachen, die wir für zwei Kinder brauchen würden, wurde ich nervös. Für mich war klar, dass ich diese Aufgaben übernehmen musste, und ich kam nicht einmal auf die Idee, meinem Mann einen Teil zu übergeben. Ich war schließlich zu Hause und hatte, so meinte ich, genug Kapazitäten, denn »ich arbeitete ja nicht«. In meinem Kopf betreute ich also stets drei bis vier Großbaustellen, managte den Alltag und hatte mich außerdem tief in jedes erdenkliche Kinderthema eingelesen. Ich wusste Bescheid über das Stillen und Füttern, kannte die Anzeichen gängiger Kinderkrankheiten und behielt den Überblick über bevorstehende Entwicklungsschritte. Ich hatte bis vor kurzem von Babys und kleinen Kindern keine Ahnung gehabt und füllte die Wissenslücke durch ausgiebige Recherche. Muttersein war auf diese Weise zu einem Fulltime-Job geworden, bei dem nie Feierabend war, und ich war zur erstklassigen Streberin mutiert. Anton, der abends in seinem Büro den Computer ausmachte und zumindest bis zum nächsten Morgen seine Büro-Projekte vergessen konnte, hatte Pausen von der Arbeit. Meine Arbeitsstelle war dagegen immer präsent, und ich hielt es für verschwendete Zeit, abends einfach nur fernzusehen. Stattdessen recherchierte ich Fingerfood-Rezepte für das Baby. Ich bemerkte nicht, dass ich mir selbst keine Pause gönnte und mir sogar immer neue Projekte auflud, um meine Rolle als Supermutter auszufüllen. Ahnst du, in welchen Schlamassel ich mich gebracht hatte?

FEHLENDE ANERKENNUNG

Es war frustrierend, dass niemand sah, was ich tat. Vermutlich war das auch ein Grund dafür, dass ich Baby-Mützen strickte und den Brei selbst zubereitete, denn hier war ich zumindest kreativ und konnte das Ergebnis präsentieren. Dass ich dadurch noch mehr zu tun hatte, übersah ich. Ein typischer Fall von Kreativ-Overload, meine ich heute. Damals wollte ich einfach nur alles richtig machen. Aber warum nur, fragte ich mich, war ich so schlecht gelaunt, gestresst und lustlos? Es lag wohl daran, dass die Arbeit im Haushalt und die Betreuung der beiden kleinen Kinder ermüdend war, und ich sehnte mich nach meinem Job und ein paar Stunden am Tag, in denen ich mich *nicht* mit Kinderthemen beschäftigen musste. Zugegeben hätte ich das nie. Hinzu kam: Anton war ein sehr engagierter Vater und erledigte alle Aufgaben, die anfielen. Kam er aus dem Büro, nahm er mir das Baby ab, spielte mit dem Großen, legte Wäsche zusammen und holte Brot vom Bäcker. Ich konnte froh sein, so einen Mann zu haben, dachte ich. Und war doch unglücklich. Fragst du dich auch, wie es dazu kommt, dass wir Mütter einen so großen Teil der Familienangelegenheiten übernehmen? Ich denke, dass sich das in vielen Familien nach und nach einschleicht, wenn einer der Elternteile über lange Zeit zu Hause bleibt.

MAMA GEHT IN DIE KNIE

Weil ich so schnell und effizient im Planen bin und schon immer gut darin war, erweckte ich den Eindruck, dass ich den Alltag locker meisterte. Jedenfalls staunte Anton, als ich eines Tages heulend in der Küche saß. Wir wollten über das bevorstehende Wochenende Freunde besuchen, und ich hatte abends zuvor einen Kuchen gebacken. Morgens brachte ich noch den Sohn in die Kita, packte die

Taschen, kümmerte mich um das Baby und suchte nebenher ein paar Steuerunterlagen heraus. Dann fiel mir eine Schüssel mit Brei aus der Hand, das Baby brüllte und ich ging zu Boden. Die ganze Familienverantwortung, die keiner sah und die mir so viel Arbeit bereitete, hatte mich in die Knie gezwungen. Wir sagten unsere kleine Reise ab, packten die Taschen wieder aus und aßen den Kuchen alleine. Wir redeten, beschlossen, dass ich Entlastung brauchte, Anton schickte mich raus an die frische Luft und übernahm die Kinder.

In den nächsten Tagen rappelte ich mich auf, bekam noch mehr Unterstützung von meinen Eltern, integrierte Yoga in mein Leben – und machte weiter wie bisher. Ein paar Wochen später stieg ich halbtags in meinen Job ein und war froh über die Abwechslung. Anstrengend war es trotzdem, denn jetzt hetzte ich morgens ins Büro und mittags wieder zurück, um die Kinder rechtzeitig vom Kindergarten abzuholen. Für eine Mittagspause war keine Zeit, und den Nachmittag über kümmerte ich mich um die Kinder und den Haushalt. Die gesamte Familien-Organisation blieb weiter an mir hängen, denn ich hatte ja den Überblick und meine inneren To-do-Listen. Weil es aber immer mehr zu tun gab, vergaß ich das eine oder andere, wie zum Beispiel den Ersatz-Sonnenhut für den Kindergarten. Die Erzieherin hatte mich schon zwei Mal daran erinnert, und ich fühlte mich so schuldig, wie sich nur Mütter fühlen können. Ich kaufte ein leeres Notizbuch und entwickelte ein perfektes System mit Markern, Haftzetteln und Tabellen und hatte fortan die Aufgaben besser im Blick.

So wurde ich noch professioneller, was die Haushaltsführung betraf, und schaffte es, nicht wahnsinnig zu werden, zumindest eine Zeit lang. Nach wie vor rieb ich mich auf mit den Kindern, meinem Job und dem Anspruch, alles richtig zu machen. Außerdem übernahm ich, typisch Streber-Mutter, viele Aufgaben ungefragt, was dann zur Selbstverständlichkeit wurde. Zeitweise war ich Aushilfslehrerin beim Kinderturnen und hatte mich breitschlagen lassen, das Amt der Kindergarten-Elternbeirätin zu übernehmen, weil sich sonst niemand gemeldet hatte. Zu Hause kümmerte ich mich um alles, was anfiel, was manchmal schlicht bequemer war. Aufgaben abzugeben bedeutet nämlich, den anderen mühsam einzuweisen. Oft ging es schneller, es selbst zu erledigen, und Anton ließ viele Unterlagen, Briefe oder Anmeldebögen einfach liegen. Also war es ich, die Formulare ausfüllte oder Zeugnisse kopierte und wurde auch von unseren Verwandten gefragt, was sich die Kinder zum Geburtstag wünschten. Ich hatte im Kopf, wann die U-Termine beim Kinderarzt anstanden, ich wusste, in welcher Kellerkiste die Wintersachen lagerten und wann es Zeit war, sie hervorzuholen. Ich konnte in Blitzgeschwindigkeit gebrauchte Marken-Gummistiefel im Internet ersteigern, notierte mir alle möglichen Urlaubsziele in einer Notiz-App auf dem Handy und führte Winter- und Sommer-Packlisten für Wochenend-Ausflüge. Außerdem schaffte ich eine gemütliche Atmosphäre in der Wohnung, stellte einen Strauß Blumen auf den Tisch, sammelte im Herbst mit den Kindern Kastanien oder hängte in der Adventszeit einen goldenen Stern an die Tür. Ich pflegte unsere sozialen Kontakte, kümmerte mich um Treffen mit unseren Freunden und dachte daran, ab und zu ein wenig Paarzeit für Anton und mich zu organisieren, zum Beispiel ein Kinobesuch mit Babysitter. Auch das musste geplant und in unseren vollen Terminkalender integriert werden. Na, wird es dir schon schwindelig? Oder nickst du eifrig, weil dir diese Plackerei bekannt vorkommt?

Die mentale Last begleitete mich täglich, manchmal schon morgens auf dem Weg ins Bad. Wenn ich duschen wollte, leerte ich erst den Badmülleimer und füllte noch Toilettenpapier auf. Ich sah aus den Augenwinkeln den Berg Buntwäsche und warf ihn in die Maschine. Dann erst stieg ich in die Dusche. Wenn Anton duschen ging, ging er für gewöhnlich ins Bad duschen. Der Vorteil war, dass durch meine Effizienz viel erledigt wurde. Der Nachteil, dass mein Hirn immer mehr ermüdete. Anton blieb wacher, denn er widmete sich immer einer Sache nach der anderen. Er schloss eine Schublade, bevor er die nächste öffnete. In meinem Kopf waren alle Schubladen gleichzeitig offen und ragten in mein Bewusstsein hinein. Ich hatte keine Lust auf leere Klopapierrollen und manchmal auch nicht auf Diskussionen. Also übernahm ich Hunderte von Mikroaufgaben, und das war der große Fehler.

Mütter scheinen für alle Belange der Kinder alleine zuständig zu sein, das denken auch die Menschen um mich herum. Also wies die Erzieherin mich und nicht Anton auf den Sprachfehler meines Sohnes hin. Ich machte einen Termin beim Kinderarzt, der mir eine Überweisung zum Logopäden schrieb. Als Nächstes vereinbarte ich Therapiestunden, verbrachte fortan mit beiden Kindern den Mittwochnachmittag in den Praxisräumen und sorgte dafür, dass die Logopädie-Übungen auch zu Hause gemacht wurden. Ein anderer aufwendiger Punkt waren die Familienbilder. Um schöne Erinnerungen zu schaffen, entwickelte ich in regelmäßigen Abständen aktuelle Fotos für die Familienalben und hängte gerahmte Bilder von den Kindern an die Wand. Die schöne Zeit der Kindheit zu dokumentieren oder Verwandte mit Mails und Fotos an unserem Leben teilhaben zu lassen – als Hobby-Fotografin übernahm ich auch das. Mein anfängliches Vergnügen wurde auf diese Weise zu einem weiteren leidigen Punkt auf meiner To-do-Liste, und es fing an, mich zu nerven, wenn mich jemand um Kinderbilder bat.

Wer viel Zeit mit Kindern verbringt, sorgt sich mehr, denn er weiß, wie groß ein kleines Unglück für ein Kind werden kann. Wutanfälle begleiten, Streit schlichten, Unlust und Nörgeln aushalten, wieder für Ruhe und Frieden sorgen – jeden Abend war ich erschöpft davon. Mit kleinen Kindern zusammenzuleben fordert eine ganze Menge Selbstlosigkeit. Wir denken und handeln von morgens bis abends rücksichtsvoll, denn ein Baby versteht nicht, dass wir nach einer schlaflosen Nacht gerne eine Stunde auf dem Sofa ausruhen wollen, ein Kindergartenkind möchte Türme stapeln, auch wenn wir dazu keine Lust haben. Das Problem daran ist nicht die Tatsache, dass das Leben mit Kindern fordernd ist. Es gehört nun einmal dazu, zurückzustecken und zu akzeptieren, dass sich alles erst einmal um deren Bedürfnisse dreht. Aber es stellt sich die Frage, warum sich in Paarbeziehungen vorrangig die Mutter um die Arbeit zu Hause und die Kinder kümmert, irgendwann das gesamte Leben aller Familienmitglieder organisiert und dadurch mental immer stärker belastet ist. Wir Mütter sind selbstverständlich für unsere Familie da, machen oft den Großteil des Haushalts und haben kaum Zeit für uns selbst. So »erschaffen [wir] uns ein altruistisches Selbst und lassen zu, dass wir von den Bedürfnissen anderer aufgesaugt werden«[4], fasst Gemma Hartley das Dilemma in ihrem Buch *Es reicht* zusammen.

DRITTES KIND UND NEUE KRISE

Unser drittes Kind machte unsere Familie komplett, und wieder nahm ich ein Jahr Elternzeit, ohne über diese Entscheidung groß nachzudenken. Anton und meine Eltern rieten mir, die Rückkehr in den Job zu überdenken. Es sei einfach zu viel, mit drei Kindern arbeiten zu gehen. Das kam für mich jedoch nicht infrage, denn berufstätig zu sein und Anerkennung in Form von positivem Feedback und Bezahlung zu bekommen, war mir wichtig und stärkte mein Selbstbewusstsein.

Ich saß noch einige Male erschöpft in der Küche. Mein Rücken schmerzte, meine Tage schienen grau, und mich packte die Angst davor, an einer Depression zu erkranken. Also absolvierte ich eine Mutter-Kur mit vierzig anderen erschöpften Frauen. Manche waren alleinerziehend oder hatten kranke Kinder zu Hause und trugen damit eine noch viel schwerere Last als ich, aber uns einte, dass wir uns täglich um andere kümmerten, nur nicht um uns selbst. Ich erkannte dort, dass ich zu viel von mir erwartete, und wollte in der Zukunft Pausen einlegen, morgens eine halbe Stunde früher aufstehen, meditieren und dann erst loslegen mit dem Kümmern und dem Organisieren. Würde es so besser klappen? Um es vorwegzunehmen: leider nein. Die beste Selbstoptimierung reichte nicht, und alle Veränderungen waren nur Tropfen auf den heißen Stein. Keine Yoga-Übung und kein Dankbarkeitstagebuch konnten mir helfen, mein Problem zu lösen. Oder sagen wir besser: das Problem von Millionen Frauen.

NEUE WEGE GEHEN

Heute ist es mir klar: Nicht die Zeit mit meinen Kindern, sondern mein Mental Load hatte mich in die große Krise geführt. Wirklich geändert haben Anton und ich erst etwas, als wir erkannten, dass es so nicht weitergehen konnte. Auslöser für meinen Nervenzusammenbruch war eine Kleinigkeit mitten im Sommerurlaub.

Nachdem ich sogar in unserer Ferienwohnung für den Tagesablauf, die Essens- und die Ausflugsplanung verantwortlich war, bemerkte ich, dass wir seit Wochen vergessen hatten, die wichtigen Logopädie-Übungen zu machen. Dabei hatte mich die Therapeutin extra darum gebeten, um nicht nach sechs Wochen Ferien wieder bei Null anfangen zu müssen, und ich hatte das auch meinem Mann weitergegeben. Für mich war es einmal mehr die Erkenntnis, dass es allein an mir lag, an die Übungen zu denken – und an alles andere auch. Dabei sollten die Ferien doch auch meiner Erholung dienen. Anton fand mich heulend auf dem Bett, ich fühlte mich nicht mehr in der Lage, mich um irgendetwas zu kümmern, und weil ich so verzweifelt war, brachen wir den Urlaub ab.

Ich hatte Panik bekommen, dass sich niemals etwas ändern würde. Zwar liebte ich meine Kinder und meinen Mann, aber jetzt war der Zeitpunkt gekommen, an dem ich nicht mehr mitmachen wollte. In dieser Zeit hörte ich immer öfter den Begriff Mental Load, erkannte erstaunliche Parallelen zu meinem eigenen Leben und dem

Gefühl, das ich bisher nur vage hatte beschreiben können. Mir wurde klar, dass ich mit diesem Problem nicht alleine war. So wie mir ging es vielen anderen Frauen, und das bedeutete, dass mehr dahinterstecken musste als falscher Ehrgeiz oder meine mangelnden Qualitäten als Mutter. Auch wenn es nicht alle Frauen betrifft, ist die Belastung durch Mental Load ein weitverbreitetes Phänomen, und es liegt nicht nur daran, dass Mütter nicht abgeben können oder alle Familienpflichten an sich reißen. Unzählige Männer verstehen nicht, wieso ihre Partnerin immer gestresst und nie zufrieden ist. Unzählige Frauen reiben sich auf, ohne zu erkennen, wie weitreichend die Ursachen dafür sind.

Monika schrieb mir auf Instagram:
Ich fühle mich momentan oft sehr gestresst,
angestrengt und überfordert von meinem Alltag.
Dabei ist er zumindest vordergründig etwas leichter geworden,
da meine Zwillinge nun in den Kindergarten gehen und mir
morgens Zeit für mich bleibt. Aber dennoch kann ich keine
extreme Entlastung feststellen und ich frage mich oft, warum.

MENTAL LOAD – EINE DEFINITION

HÄTTEST DU DOCH WAS GESAGT!

Mental Load begegnete mir als Begriff das erste Mal auf Patricia Cammaratas Blog *Das Nuf*. Die Psychologin war zum Zeitpunkt ihres Wiedereinstiegs in den Job nach der Elternzeit extrem erschöpft und erkannte, dass ihre Energie endlich war. Nachdem sie ihre Alltagsaufgaben auf das Nötigste reduziert hatte, indem sie zunächst auf Verabredungen verzichtete, keinen Kuchen mehr backte, nicht mehr bastelte und gemeinsam mit den Kindern früh ins Bett ging, kam die Kraft zurück, aber mit ihr auch die Erkenntnis, dass sich langfristig etwas ändern musste und sie Teile der Verantwortung komplett abgeben wollte.[5]

Auch Computerexpertin und Zeichnerin Emma beschreibt das Problem mit der einseitigen Familien-Organisation. Die Französin landete mit ihrer Comic-Geschichte *You should've asked* einen viralen Coup, in dem sie über die mentale Last aufklärte.[6] Ihre Geschichte handelt von einer typischen Familienszene in der Küche: Das Paar hat Besuch. Während der Mann sich mit dem Gast unterhält und die Frau die Kinder füttert, läuft der Inhalt des Kochtopfes auf dem Herd über. »Hättest du doch was gesagt, dann hätte ich dir geholfen«, kommentiert ihr Mann. Genau hier liegt das Problem, denn: Wieso hat eigentlich nicht er sich um das Essen für die Erwachsenen gekümmert, während die Mutter mit den Kindern beschäftigt war? Wieso hat sie alles alleine gemacht? Die Antwort lautet: Weil er sich nicht verantwortlich fühlte. Er war lediglich der Befehlsempfänger, sie die »Projektleiterin Haushaltsführung«[7]. Wer sich nicht verantwortlich fühlt, »hilft«, indem er dem anderen auf dessen Bitte einen Gefallen tut. Das bedeutet aber auch, dass das nicht seine Aufgabe ist. Darum ist der Vorwurf »hättest du doch was gesagt« ein Sinnbild für das Dilemma vieler Mütter. Indem ihre Partner darum bitten, ihnen Bescheid zu geben, wenn es etwas im Haushalt zu tun gibt, weigern sie sich gleichzeitig, ihren Teil der mentalen Last zu übernehmen.[8]

Zwar ist es im Alltag normal, Aufgaben einander weiterzugeben, aber wenn wir für deren Erledigung verantwortlich sind oder uns verantwortlich fühlen, fassen wir die Erledigungen nach, weil wir vermuten, dass sie sonst im Alltag untergehen. Das wiederum erhöht den Mental Load. Manchmal gelten wir dabei als pingelig oder streng, dabei resultiert die Nachfrage aus dem Wunsch, den Punkt von der mentalen Liste streichen zu können. Mental Load bedeutet, an die einzelnen Aufgaben zu denken, sie zu planen und zu konzeptionieren. Die Ausführung ist dann oft das geringste Problem.

CARE-ARBEIT UND GEFÜHLSARBEIT

Es gibt einen weiteren Aspekt von Mental Load, der uns in seinem Ausmaß nicht immer bewusst ist. Ich erkannte diese Dimension der Belastung in Gemma Hartleys Buch, in dem die dreifache Mutter von ihrem alltäglichen Kampf erzählt, Job und Familienverantwortung zu vereinbaren. Ihr Mann ist ein moderner und engagierter Vater, der Aufgaben im Haushalt übernimmt und sich um seine Kinder kümmert. Dennoch bleibt die mentale Last an Gemma hängen, selbst dann, als ihr Mann arbeitslos wird und sie allein für das Familieneinkommen sorgt. Neben all der Organisation ist da die »Gefühlsarbeit«, mit der sie dafür sorgt, dass sich alle Familienmitglieder wohlfühlen. Weil kleine Kinder ihre Gefühle weder benennen noch regulieren können, gehen wir Eltern auf sie ein und helfen ihnen dabei. Währenddessen stellen wir unsere eigenen Gefühle (zum Beispiel Müdigkeit, Erschöpfung) zurück. Frauen sind diese Art der Gefühlsarbeit gewohnt, denn sie wird ihnen von klein auf abverlangt. Sie lernen durch Erziehung, Vorbilder und gesellschaftliche Einflüsse, dass sie stets für eine gute und ausgeglichene Atmosphäre verantwortlich sind.

Gemma Hartley schreibt:

> *Wenn ich möchte, dass mein Mann sich um den Garten kümmert, und zugleich den häuslichen Frieden nicht stören will, dann muss ich meinen Tonfall regulieren, damit nicht mein Frust mitschwingt, dass ihm ohne meine Hinweise nie auffällt, was zu tun ist. Ich merke, wie ich in Rücksicht auf meine Umgebung ständig meine Gefühle drossele, einfach nur, damit unser Leben gut und kampffrei läuft.*[9]

Gefühlsarbeit oder Gefühlsmanagement ist eine Form der sozialen Intelligenz und eine Strategie zur Problemlösung, die für alle zwischenmenschlichen Beziehungen notwendig ist. Sie wird in Familien, in freundschaftlichen Beziehungen und in Bekanntschaften, aber auch im beruflichen und gesellschaftlichen Kontext gebraucht.[10] Das Konzept der Gefühlsarbeit oder der Emotionsarbeit, im englischen *emotional labour* genannt, kommt ursprünglich von der US-amerikanischen Soziologin Arlie Russell Hochschild, die in ihrem Buch *The Managed Heart* über Emotionsarbeit im beruflichen Kontext schreibt. So sind zum Beispiel Flugbegleiter*innen in jeder Situation dazu angehalten, zu lächeln und eine innere und äußere positive Haltung zu erzeugen, selbst wenn sich Fluggäste unverschämt benehmen. Zu ihrer bezahlten Arbeit gehört es, die eigenen Gefühle zu regulieren. Später wurde das Konzept der Gefühlsarbeit auf den privaten Bereich erweitert und mit der unfairen Arbeitsteilung im Haushalt in Zusammenhang gebracht, auch wenn sich Hochschild dagegen ausspricht, weil es das Konzept verwässere.

GEFÜHLSARBEIT IN DER FAMILIE

Der deutsche Begriff *Gefühlsarbeit* ist nicht so facettenreich wie die englische Wendung *emotional labour,* erläutert aber den Aspekt der Gefühlsregulierung, der im Familienalltag stattfindet, vor allem im Kontext der Familien-Organisation. Es ist nicht mit Gefühlen verbunden, To-do-Listen zu schreiben und an Termine zu denken. Allerdings habe ich mir oft Sorgen gemacht, wichtige Dinge zu vergessen. Ab und zu hatte ich Schuldgefühle, weil ich nicht rechtzeitig an die Untersuchung beim Kinderarzt gedacht oder mich den Kindern nicht ausreichend gewidmet hatte. Die gesamte Verantwortung für die Familien-Organisation ist also durchaus mit Sorgen und Ängsten verknüpft, die reguliert und verarbeitet werden müssen. In welchem Ausmaß das geschieht, ist natürlich individuell und hängt auch von den Lebensumständen ab. Geldnot, Beziehungsprobleme oder mangelnde Gesundheit verstärken die Sorgen drastisch. Sicher kennst du das auch von dir: Wie viel Gefühlsarbeit du stemmen musst, hängt von eurer Situation ab. Sind die Kinder in einem anstrengenden Alter (Trotzphase, Pubertät) oder habt ihr als Paar einen Konflikt zu bewältigen, fällt entsprechend mehr Gefühlsarbeit an. Meistens fühlen sich Frauen für diese Arbeit verantwortlich, Männer dagegen deutlich weniger. Auch aus diesem Grund ist es ein wichtiges Ansinnen, die »überwältigende Last der Gefühlsarbeit« bei Frauen zu mindern und den Männern dagegen eine neue Welt zu erschließen, weil beide Seiten ausnahmslos profitieren.[11] Gefühlsarbeit ist übrigens die unsichtbarste aller Arbeiten. Sowohl im Büro als auch in Beziehungen machen Frauen Gefühlsarbeit, und sie kostet eine Menge Kraft. Im Rahmen von Mental Load fällt die Gefühlsarbeit mit ins Gewicht, denn Frauen fühlen sich aus Gründen der Sozialisation für die gute Stimmung verantwortlich, auch wenn ihnen nicht danach ist. Beziehungspflege, wie zum Beispiel das Anrufen der Schwiegereltern, das Versenden von Danksagungen oder der Kauf von Geschenken für Lehrer*innen oder Erzieher*innen, wie Eve Rodsky in *Fair Play* beschreibt, gehört in diesen Bereich mit hinein.[12] Wie viele Gedanken sich Mütter um die Gefühle der Familienangehörigen machen, wird beispielsweise in diesem Text deutlich, den mir Hanna über Twitter schickte:

> *Ich mache fast die komplette Gefühlsarbeit alleine. Ich habe einfach das Gefühl, dass ich diese im Gegensatz zu meinem Mann ernst nehme. Der denkt, diese Kleinigkeiten seien nicht wichtig. Und das kann ich ihm noch so oft erklären, das checkt der nicht, weil er die Arbeit an diesen Themen nicht mitbekommt. Weil er wenig Verständnis für Details, viele Worte und Gefühlsduselei hat. Er sieht es einfach als übertrieben an, dass ich darin so viel Zeit investiere. Ich mach mir viele Gedanken darüber, was ich ändern oder tun kann. Viele Lösungen fallen mir nicht ein. Die Arbeit aufgeben kommt nicht infrage und wäre auch nicht richtig. Aber mir wird immer mehr klar, dass ich zu wenig nehme. Ich bin immer darauf bedacht, mein eigenes Geld zu nutzen, selbstständig zu sein, stark zu bleiben. Dabei lasse ich ganz unbewusst meinem Mann sehr viele Freiheiten. Ich mache mir um Kompromisse viele Gedanken. Ich versuche zu oft zu diskutieren und Lösungen zu finden. (...) Und in mir dämmert, dass ich mir das Leben damit noch mal zusätzlich schwer mache.*

DEFINITIONSSACHE

Kommen wir noch einmal zu den Begriffen, die in diesem Buch verwendet werden.

Mental Load: Bedeutet die mentale Last oder Belastung, an alle Familienangelegenheiten zu denken, die Care-Arbeit und Familien-Organisation betreffen. Jede einzelne Aufgabe ist nicht der Rede wert, aber in der Masse wird all das zu einer großen mentalen Belastung.

Gefühlsarbeit: Bezeichnet die Differenz zwischen tatsächlich gefühlten Emotionen und den Emotionen, die vorgeschrieben sind, und die Regulierung ungewünschter Emotionen. Das kann belastend sein, da Arbeit aufgewendet werden muss und wahre Gefühle zurücktreten müssen. Die bewusste und gewünschte Manipulation der eigenen Gefühle betrifft im beruflichen Bereich vor allem Dienstleistungsberufe wie Flugbegleiter*innen oder Kellner*innen. Die eigenen Gefühle zugunsten anderer zu regulieren ist aber auch Aufgabe von Eltern gegenüber ihren Kindern und spielt in jeder zwischenmenschlichen Beziehung eine Rolle. Es wird dann zur Arbeit, wenn die Gefühlsregulierung anstrengend oder belastend ist.

Care-Arbeit: Umfasst die unbezahlte Hausarbeit und die Pflege von Kindern oder Verwandten und das Kümmern um diese (alternativ Reproduktionsarbeit, Fürsorge oder Sorgetätigkeit genannt). Auch Pflegeberufe und Kinderbetreuung fallen unter diesen Begriff. Er beinhaltet zudem die Beziehungspflege, also den Kontakt zu Verwandten und Freunden sowie die Elfenarbeit. Diese wird betrieben, um Kindern, Freunden oder Verwandten an Weihnachten, Ostern oder an Geburtstagen eine Freude zu machen oder sich bei Erzieher*innen oder Fußballtrainer*innen zu bedanken und deren Arbeit wertzuschätzen.

Die Journalistin Nicole Schöndorfer empfiehlt, Gefühlsarbeit in Kombination mit Kindererziehung als Care-Arbeit zu bezeichnen, auch weil die Begriffe Gefühlsarbeit oder Emotionsarbeit mittlerweile sehr willkürlich benutzt werden.[13]

Familien-Organisation: Fällt streng genommen unter den Begriff Care-Arbeit oder Reproduktionsarbeit, soll aber hier in diesem Buch gesondert aufgeführt werden, um auf die mentale Belastung durch Organisationstätigkeit aufmerksam zu machen. Hierunter fallen Aufgaben rund um Finanzen, Termine, Papierkram, Urlaub und die Organisation sämtlicher Gegenstände im Haushalt.

Warum sind gerade die kleinen Dinge entscheidend für deinen Mental Load? Ich erkläre es dir an einem banalen Beispiel: Bei euch zu Hause ist die Zahnpastatube fast leer. Abends, wenn du deine Zähne putzt, notierst du dir das auf deiner imaginären Liste im Kopf. Vielleicht schreibst du sogar einen Zettel. Wenn du schon einmal dabei bist, gehst du direkt gedanklich durch die Wohnung und überlegst, welche Drogerieartikel außerdem benötigt werden. Wenn dein Partner am nächsten Tag einkaufen geht, teilst du ihm mit, dass Zahnpasta und weitere Dinge zu besorgen sind. Aber was denkt eigentlich dein Partner, wenn er eine fast leere Zahnpasta sieht? Vermutlich nicht viel. Das tut er nicht aus Bosheit oder Ignoranz, sondern einfach aus Erfahrung. Weil du schon vorher reagierst und für Nachschub sorgst und ihr so nie in die Verlegenheit kommt, keine Zahnpasta zu haben, gewöhnt sich dein Partner an diesen Umstand – wir alle sind schließlich Gewohnheitstiere. Also trägst du weiterhin die mentale Last, an die Zahnpasta zu denken. Was ist schon eine lächerliche Zahnpasta, an die ich denken muss, fragst du dich nun. Aber es ist nicht nur das. Was jetzt lächerlich klingt, wird zu einem handfesten Problem, wenn es um alle Dinge geht, die eine Familie so braucht: von Drogerieartikeln, Kleidung, Schulsachen und Nahrungsmittel über Hobbys, Gesundheit und

Urlaubsplanung. Dazu kommen dann die Beziehungspflege und die Elfenarbeit, an die du dich erinnern musst. Sicher ist Mental Load auch deshalb so schwer zu erklären, weil es die Masse an Kleinigkeiten ist, an die es zu denken gilt. Lauter kleine Aufgaben, die einen ganzen Rattenschwanz an Arbeitsschritten nach sich ziehen, müssen erinnert, geplant und ausgeführt werden. Es ist kein Problem, sich um Zahnpasta zu kümmern. Aber es ist ein Problem, sich um alles kümmern zu müssen, was den Tagesablauf aufrecht, die Kinder gesund und zufrieden und die Vorräte gefüllt hält.

FRAUEN UND MÜTTER

WIE FRAUEN SOZIALISIERT WERDEN

Um unserem Problem mit der mentalen Belastung auf den Grund zu gehen, ist es wichtig, sich zunächst einmal näher mit unserer Mutterrolle zu beschäftigen. Ich fühle mich jedenfalls pausenlos für die Kindererziehung, die Familienangelegenheiten und auch für die Stimmung bei uns zu Hause verantwortlich, und es fällt mir schwer, diese Verantwortung an meinen Mann zu übergeben. Warum belastet uns dieses Gefühl so sehr, und warum gelingt es kaum, diese Last gleichmäßiger zu verteilen? Warum sehen wir Mütter uns so stark in der Pflicht?

Eine Rolle spielt natürlich die Tatsache, dass viele Frauen nach der Geburt der Kinder erst einmal zu Hause bleiben wollen. Sie möchten stillen, sich von den körperlichen Strapazen erholen und Zeit mit dem Baby verbringen. Dadurch entsteht eine enge Verbindung zum Kind, und auch das Verantwortungsgefühl nimmt zu. Manchmal wird ihnen auch erst angesichts dieses winzigen und hilflosen Wesens so richtig bewusst, was es bedeutet, Mutter zu sein. Aber das trifft im Grunde genommen auch auf die Väter zu. Männer können nicht stillen, aber auch sie sind in der Lage, sich zu kümmern und Verantwortung für den Nachwuchs zu übernehmen. Susanne Mierau hat in ihrem Buch *Mutter. Sein.* genau erklärt, dass sich selbst der Hormonhaushalt eines werdenden Vaters während der Schwangerschaft seiner Partnerin verändert und sich dessen Körper auf diese Weise auf das Umsorgen des Kindes vorbereitet. Allerdings müssten sich Väter auch einbringen dürfen, schreibt Mierau.[14] Dass die Gesellschaft der Mutter diese spezielle und einzigartige Rolle zuweist, »liegt an der Art des Zusammenlebens und der entwickelten Familienkultur«[15] sowie an den gesellschaftlich bedingten Erwartungen an Mutterschaft, sehr viel Zeit mit den Kindern zu verbringen.[16] Außerdem gibt es in unserem Land einen gesetzlich festgelegten Mutterschutz, nur leider kein entsprechendes Pendant für Väter. So nimmt das Verantwortungsgefühl vieler Frauen stärker zu als das der Männer. Aber es gibt noch mehr Gründe dafür, warum sich vor allem Mütter für Care-Arbeit, Haushalt und Familien-Organisation zuständig fühlen.

Ich war neulich mit unserer sechsjährigen Tochter zu Besuch bei meinen Eltern. Während sie mit ihrer Oma einen Kuchen backte, machte mein Vater auf dem Wohnzimmersofa ein Nickerchen. »Schau mal, Oma, die Männer schlafen und die Frauen arbeiten«, platzte es aus ihr heraus, worauf meine Mutter laut lachte. Auch ich lachte kurz, aber dann stimmte mich diese Begebenheit nachdenklich und mir wurde bewusst, dass genau hier das Problem seinen Lauf nahm, das uns seit Jahrhunderten zu schaffen macht: Für die Sorge-, Kümmer- und Hausarbeit sind Frauen verantwortlich. Zwar sind sowohl mein Mann als auch mein Vater in hohem Maße im Haushalt tätig, aber wir Frauen tragen die Hauptverantwortung, und genau das nehmen Kinder in vielen subtilen Botschaften wahr. Ich wuchs in den Achtziger- und Neunzigerjahren in Westdeutschland auf, und dort war es völlig normal, dass Mütter nicht berufstätig waren, sondern die unbezahlte Arbeit übernahmen. Als kleines Mädchen habe ich gesehen, wie meine Mutter sich ehrenamtlich in der Kirche engagierte, einen Großteil des Haushalts erledigte, es zu Hause gemütlich machte, uns zum Flötenunterricht fuhr, Arzttermine für die ganze Familie organisierte und meinem Vater auf die Füße trat, wenn er seinen Teil der Aufgaben nicht fristgerecht erledigte. Auch meine Mutter war oft überlastet, weil sie für alle Angelegenheiten verantwortlich war. Aber für sie gab es keine Alternative, wenn sie zur damaligen Zeit als westdeutsche Frau auf Familie nicht verzichten wollte. Ich habe mir abgeschaut, dass Fürsorge und Haushalt Frauensache sind und es dazugehört, als Mutter gestresst zu sein.

ZUM KÜMMERN ERZOGEN

Kinder orientieren sich an ihren Rollenvorbildern, denn es ist ihnen ein natürliches Bedürfnis, sich einer Gruppe zugehörig zu fühlen und nicht einsam zu sein. Deshalb passen sie sich den Konventionen an und tun, was vermeintlich von ihnen erwartet wird. Da es in unserer Gesellschaft eine große Rolle spielt, welchem Geschlecht man angehört (wir fragen schon in der Schwangerschaft, ob es ein Junge oder ein Mädchen wird, oder?), ist es kein Wunder, dass sich Mädchen zunächst an der Mutter und dann auch an anderen Frauen orientieren (und Jungs dasselbe mit ihrem Vater und anderen Männern tun). Wie eine Frau sich verhält, welche Eigenschaften ihr zugeschrieben werden und welche Aufgaben sie hat, schauen sich Mädchen genau an. Wenn sie aufwachsen und dabei erfahren, dass es immer die weiblichen Mitglieder ihrer Gesellschaft sind, die sich kümmern, werden sie dieses Verhalten zwangsläufig übernehmen. So lernen sie auch, dass die Stärke der Frauen scheinbar darin besteht, privat oder in der Öffentlichkeit Gemeinschaft herzustellen, Gefühle wahrzunehmen und darauf positiven Einfluss auszuüben sowie in der Familie für einen reibungslosen Ablauf zu sorgen.

Die Zwillinge Emily und Amelia Nagoski, Psychologin und Dirigentin von Beruf, beschreiben in ihrem Buch *Stress. Warum Frauen leichter ausbrennen und was sie für sich tun können* das System der Philosophin Kate Manne. Darin werden Menschen in »human giver« und »human beings« eingeteilt, wobei von den »human givers« erwartet wird, dass sie ihre Zeit, Aufmerksamkeit, Zuneigung und sogar ihren Körper hergeben, um die dominierenden »human beings« zufriedenzustellen. Von ihnen wird gleichzeitig erwartet, »jederzeit hübsch, glücklich, ausgeglichen, großzügig und aufmerksam gegenüber den Bedürfnissen anderer zu sein«[17]. Also heißt das auch, dass von ihnen eine Menge Gefühlsarbeit verlangt wird. Vielleicht kommt dir dieses System bekannt vor, denn im Prinzip steckt dahinter unser patriarchischer Kapitalismus, in dem Männer die bezahlte und angesehene Arbeit machen, Frauen die unbezahlte und kaum wertgeschätzte Care-Arbeit. Die Männer haben darin die Macht und sind der Inbegriff des Menschen (in Frankreich ist »l'homme« sowohl der Begriff für Mann als auch für Mensch), die Frau ist eine Abwandlung des Menschen ohne Anspruch auf Macht und dafür da, dem Mann und den Kindern zu dienen. Im folgenden Kapitel wirst du genauer erfahren, wieso wir als Mütter erst recht in die Rolle des »human givers« gedrängt werden. Die mentale Last, die durch die unbezahlte Care-Arbeit entsteht, wird als selbstverständlich hingenommen. Dabei macht uns das Geber-Syndrom mit all seiner mentalen Last immer kränker.

Diese hintergründige Erwartungshaltung an Frauen, die wir pflichtgemäß übernehmen, weil wir geliebt und akzeptiert werden wollen, beschreibt Caroline Rosales in ihrem Buch *Sexuell verfügbar* auf diese Weise:

> *Meine Rolle als Frau in der Gesellschaft ist für die Frauen und Mädchen meiner Generation, der davor und danach, von außen gegeben. Ein kompliziertes Baukastensystem aus Erziehung, Handlungsempfehlungen und nett verpackten Tipps reguliert unser inneres und äußeres Erscheinungsbild. Wir durchschauen und verstehen es schnell: Es ist zu unserem eigenen Vorteil, sich daran zu halten.*[18]

Zurück zu unseren Kindern! Sie tummeln sich dort, wo sie ihresgleichen finden, und so treffen sich die Mädchen im Kindergarten in der Puppenecke. Sie spielen mit Babypuppen, schieben einen Puppenwagen, backen einen Sandkuchen und imitieren so das Leben der erwachsenen (weiblichen) Vorbilder. Meine Tochter entdeckt in der Fernseh-Werbung oder im Geschäft regelmäßig Spielzeug für Mädchen in typischen Farben und begeistert sich deshalb für rosa Staubsauger, pinke Kehrbleche und Puppenzubehör aller Art. Sie liest Bildergeschichten von schönen Feen, die vom Prinzen gerettet werden, hört Märchen vom guten Sterntaler, das sein letztes Hemd gibt, und von Goldmarie, die dafür belohnt wird, allen zu helfen. Sie freut sich über Kinderschminke in selbst gekauften Kinder-Zeitschriften und glitzernde Haarspangen in rosa Überraschungseiern und gelangt so zu der Erkenntnis, »dass Brav und Schön zum Ziel kommt.«[19]

BITTE RECHT FREUNDLICH!

Es ist wissenschaftlich erwiesen, dass Eltern mit ihren Töchtern anders umgehen als mit ihren Söhnen und sich dabei vor allem in ihrer Ansprache unterscheiden. Väter reden öfter mit ihren Töchtern über Gefühle und Emotionen, mit ihren Söhnen verbringen sie dagegen dreimal so viel Spielzeit.[20]

Unbewusst nehmen wir Eltern also Einfluss auf die Vorstellungen der Kinder davon, wie Männer und Frauen zu sein haben und welches ihre Aufgaben sind, und stärken stereotype Rollenbilder, indem wir bei Jungen Ärger, Streit und Wut eher tolerieren als bei Mädchen. Es verursacht ein komisches Gefühl in uns, wenn sich Mädchen heftig streiten oder wütend und gewalttätig werden. Zwar kennzeichnen Aggressivität und Konfliktbereitschaft das Wesen meiner Tochter genau wie das ihrer Brüder, aber sie nimmt ihre

Umgebung sensibel wahr und erlebt, dass diese Eigenschaften bei Mädchen nicht gern gesehen werden. »Streite dich nicht«, »bitte vertragt euch wieder«, »du bist doch die Vernünftige von euch« – auch ich nehme verbal Einfluss auf das, was dem Geschlecht meiner Tochter angemessen scheint, und ertappe mich dabei, Kämpfe und Gerangel bei meinen Söhnen hinzunehmen, weil ich es als typisch männliches Verhalten abgespeichert habe. Meine Tochter dränge ich dagegen zur Nachgiebigkeit und gebe ihr damit unterbewusst die »Erziehung zur sanften Unterordnung«[21] weiter.

Tiffany Dufu berichtet in ihrem Buch von den Erfahrungen ihrer Kindheit. Ihr wurde vorgeworfen, sich »herrisch« zu benehmen. Dabei hatte sie nur ihre Stimme erhoben und beim Mannschaftssport Anführerinnen-Qualitäten bewiesen. Durch negative Affirmationen erhalten kleine Mädchen auf diese Weise das Gefühl, dass gewisse Eigenschaften negativ bewertet und Leistungen übersehen werden, schreibt Dufu.[22] Aus diesem Grund passen viele Mädchen und Frauen ihre Gefühle laufend an und regulieren sie, um nicht diesen negativen Attributen zu entsprechen, die laut Konventionen unangemessen sind.

Auch den Sinn für Ordnung schieben wir unbewusst unseren Mädchen in die Schuhe. Es mag sein, dass viele von ihnen in der Grundschule eine sauberere Heftführung haben und ihre Schulsachen besser in Ordnung halten. Ich frage mich aber, wie viel selbsterfüllende Prophezeiung dahintersteckt. Meine Tochter hat in den ersten Schulwochen genauso viele Gegenstände verloren wie mein Sohn. Aber sobald sie alle Stifte in ihr Mäppchen sortiert hatte, meinte ich, das als typisch weibliches Kennzeichen identifiziert zu haben.

Diese Erwartungshaltung zieht nach sich, dass Frauen später andere Maßstäbe an den Haushalt anlegen. Sie tun viel dafür, der »weiblichen Ordnung« zu entsprechen, oder schämen sich, wenn sie dazu nicht in der Lage sind. Das führt dazu, dass Frauen ein sauberes Zuhause und eine Familie, die gut versorgt ist, stärker als Männer als persönlichen Erfolg erachten oder meinen, gescheitert zu sein, wenn es zu Hause unaufgeräumt ist oder es Probleme mit den Kindern gibt. »Sie hat ihren Haushalt im Griff« ist ein Urteil, auf das ich als moderne Frau und Feministin nicht stolz sein dürfte, denn es bestätigt die Erwartungshaltung der Gesellschaft, Hausarbeit sei Frauensache, und doch freue ich mich über so ein Kompliment. Ist das nicht erschreckend? Aber irgendwie auch logisch, wenn ich in einer Welt aufwachse, in der Frauen ihre Aufgaben erfüllen, wenn sie zurückhaltend sind und im Hintergrund für Sauberkeit und Ordnung sorgen.

Menschen sind beruhigt, wenn sich andere Personen verhalten wie erwartet, weil sie sich dann besser einschätzen lassen. Ich erlebe, wie Menschen irritiert sind, wenn etwas anders ist als gewohnt: die langen Haare meines Sohnes, die pinke Jacke des Jüngsten oder die stets dreckigen Kleider meiner Tochter. Auch wenn wir meinen, in einer modernen Welt zu leben, in der Gleichberechtigung ein erklärtes Ziel ist, sind Kinder täglich damit konfrontiert, wie Mädchen und Jungen zu sein haben. Man muss ein wenig suchen, um Bilderbücher zu finden, in denen nicht die Mama die Hausarbeit macht oder in denen Jungen mit Puppen spielen. Kinderkleidung ist in Geschäften nach Geschlechterfarben sortiert, und Pullover tragen Aufschriften, die Mädchen als Prinzessinnen und Jungen als Astronauten ausweisen. Mädchenfahrräder haben mehr Verzierungen und weniger Gänge, Natur- und Abenteuerspielzeug wird dagegen immer mit einem Jungen auf der Verpackung beworben, »weil es sonst nicht verkauft wird«. Noch gravierender ist es in vielen Serien und Filmen, in denen Mädchen für Gefühle und gutes Aussehen, Jungen für Kampf und Abenteuer zuständig sind.

Um noch mehr zu den Hintergründen dieses Thema zu erfahren, ist es an dieser Stelle sinnvoll, eine Expertin um Rat zu fragen.

Dr. Mirriam Prieß ist Ärztin und Coach, war acht Jahre als Therapeutin in einer psychosomatischen Fachklinik unter anderem für die Behandlungsschwerpunkte Ängste, Depressionen und Burn-out verantwortlich und ist heute in eigener Praxis in Hamburg tätig. Sie berät Einzelpersonen und Unternehmen im Bereich Gesundheitsmanagement, Konflikt- und Stressmanagement und hält in der DACH-Region Seminare und Vorträge. Ihr Buch Burnout kommt nicht nur von Stress werde ich im Folgenden zitieren und habe sie darüber hinaus befragt, um dir Fachwissen über unsere Psyche vermitteln zu können. Besonders interessiert mich an dieser Stelle, wie sie den Einfluss der stereotypen Geschlechterrollen einschätzt.

LF: *Stehen Ihrer Erfahrung nach die Erwartungen an die Geschlechterrollen / die Prägung in der Kindheit und Jugend dem einzelnen Menschen im Weg, zufrieden zu sein, weil er im Laufe seines Lebens eine Rolle spielt, die ihm eigentlich nicht liegt?*

Dr. Mirriam Prieß: *Wir lernen Beziehung in den ersten Jahren. Es sind nicht einzelne Situationen an sich, die prägen, sondern die Atmosphäre der Beziehungen, die herrscht. So, wie die Eltern mit sich selbst, untereinander als Paar und mit dem Kind umgehen, daraus lernt das Kind mit sich selbst und der Welt umzugehen. Aus den ersten Beziehungserfahrungen entwickelt das Kind seine »Beziehungswahrheiten« – einschließlich über sich selbst. Wenn das Kind in einer Atmosphäre aufwächst, die vom Dialog geprägt ist, die Eltern ihm von Beginn an mit Interesse, Offenheit,*

Empathie, Augenhöhe, Respekt und Liebe begegnen, kann es zu sich selbst finden und gesunde Beziehungen auf Augenhöhe später führen. Jede gelingende Beziehung im Außen beginnt mit der gelingenden Beziehung zu mir selbst! Je gestörter die ersten Beziehungserfahrungen sind, je mehr der Dialog, die Begegnung auf Augenhöhe und bedingungslose Liebe gefehlt haben, umso verunsicherter wird der Betroffene später seine Beziehung führen und sich selbst erfahren. Es braucht nicht viel für ein gesundes Selbst und ein späteres gesundes Leben, aber dieses Wenige ist entscheidend.

GEBOREN, UM GLÜCKLICH ZU MACHEN

Ich befürchte, an den stereotypen Geschlechterrollen wird sich auch nicht viel geändert haben, wenn meine Kinder Teenies sind. Ich erinnere mich an meine eigene Pubertät und an die fatale Wirkung meiner Umwelt auf mein wackeliges Selbstbewusstsein. Wir Mädchen haben damals in Jugend-Zeitschriften gelernt, dass unser Ziel darin bestehen sollte, einen vorzeigbaren Freund zu finden. Ich schämte mich, wenn ich auf die Frage, ob ich noch Single sei, mit »Ja« antworten musste. Für das erste Date lasen wir »Zehn Tipps, um den Jungen deiner Träume zu beeindrucken«. Gefühlsarbeit zu leisten, um den Traummann zu halten, war für uns schon damals selbstverständlich. Hatte ich den Traumtypen erobert, musste ich mein Verhalten anpassen und ihn nicht zu sehr einengen, denn große Gefühle und zu viel Nähe erschreckten ihn möglicherweise. Logisch, denn Jungen hatten von klein auf gelernt, dass die Liebe zur Freiheit ein wichtiges Gut sei, Gefühle zu zeigen dagegen nicht zu einem Mann passe. Wie viele Jungen auf diese Weise heranwachsen, beschreibt Blogger und Pro-Feminist Christoph May:

> *Leichter Liebesentzug hier, deutlich weniger Körperkontakt dort. Jungs werden statistisch weniger gefühlsbetont angesprochen als Mädchen. Leistung statt Lust. Verdrängung statt Frust. Lieber Durchhalten, Durchziehen und Nachtreten als Innehalten, Rückzug und Nachgeben.*
>
> *Später dann kommt der Kampf um emotionale Zuwendung in Gestalt von Supermännern zum Ausdruck, die unermüdlich Welt und Universum retten. Er zeigt sich im Abwehrspiel von Fußball-Göttern oder als Risiko-Investition von Business Punks.*[23]

Vor allem die Medien vermitteln jungen Frauen, dass die Sinnerfüllung in Partnerschaft und Familiengründung steckt, bestätigt die Psychologin Doris Wolf.[24] Und die US-amerikanische Feministin Betty Friedan analysierte schon in den 1960er Jahren, dass Mädchen spüren, dass sie in ihrer sexuellen Funktion als künftige Freundin oder Ehefrau wahrgenommen werden. Deshalb suchten sie später Sicherheit bei einem Jungen oder einem Mann, anstatt sie in sich selbst zu finden.[25]

FRAU MACHT STIMMUNG

Dass Gefühlsarbeit eine typische Frauenaufgabe ist, lernen wir im Laufe unseres Lebens durch weibliche Vorbilder und durch die Erwartungen der Gesellschaft. Auch mir ist diese Aufgabe bewusst, und so fühle ich mich oft für die Stimmung anderer Menschen verantwortlich. In Gesprächen versuche ich, die Kommunikation nicht ins Stocken geraten zu lassen, positiv zu beeinflussen und alle Gesprächspartner einzubeziehen. Ich habe ein Gespür für Zwischentöne und relativiere meine Meinung, wenn sie auf Widerspruch trifft. So bewirkt mein anerzogener Mädchen-Komplex, dass ich oft und bereitwillig »Ja« sage und kaum eine Bitte abschlagen kann. Dabei lache ich viel, um gute Stimmung zu verbreiten, und gehe Konflikten lieber aus dem Weg. Ich gebe darauf acht, meine Mitmenschen möglichst nicht mit meinen Wünschen oder Bedürfnissen zu langweilen, und wenn es zwischenmenschlich nicht glatt läuft, frage ich mich als Erstes, welchen Anteil ich daran habe. Dabei habe ich die Gefühle der anderen im Blick und richte meine eigenen nach ihnen aus. Seit ich mich näher mit Care-Arbeit beschäftige, habe ich erkannt, warum das so ist. Viele Frauen fühlen sich verantwortlich für die Gefühle anderer, denn sie sind durch ihr Umfeld und die Gesellschaft als »human givers« sozialisiert worden. Das gilt natürlich ganz besonders für die Familie und die Stimmung zu Hause. Gibt es Ärger, greifen Frauen eher regulierend ein als Männer, und auch in einer heterosexuellen Paarbeziehung sind es oft Frauen, die sich um die Qualität der Beziehung bemühen. Gemütlichkeit und Genuss tragen zu einer guten Stimmung bei, deshalb zünde ich gerne Kerzen an, kaufe frische Blumen oder hole die Weihnachtsdekoration aus dem Keller. Ich mache Stimmung, egal wo ich bin. Frauen sind freundlich, rücksichtsvoll, hören zu, sind nicht zu laut, nehmen nicht zu viel Raum ein und sind für das Wohlgefühl ihrer Mitmenschen verantwortlich – diese Erwartungshaltung begegnet uns von klein auf und zieht sich durch unser Erwachsenenleben.

Einer Freundin von mir wurde neulich ernsthaft bei einem Job-Coaching empfohlen, bei Vorträgen öfter zu lächeln, um den Zuhörern ein besseres Gefühl zu vermitteln. Die Vorstellung, einem Mann so einen Vorschlag zu unterbreiten, erscheint uns geradezu absurd. Gehen Männer auf die Bühne, um einen Vortrag zu halten, wird Inhaltliches von ihnen erwartet, die Form ist zweitrangig. Männer stehen für Stärke, Kompetenz, den Drang zur Macht, für zielstrebiges Handeln und die Übernahme von finanzieller Verantwortung.

Leicht nachprüfen können wir das, wenn wir die Geschlechterrollen tauschen. Gefühlvolle Männer werden eher belächelt, laute Frauen als unangenehm empfunden. Männer, denen Karriere und Macht egal sind, erscheinen uns wenig zielstrebig oder verantwortungslos, Frauen, die Karriere machen möchten oder ihre Stimme erheben, gelten eher als egoistisch oder aggressiv. Die Journalistin Silvia Follmann schreibt dazu:

> *Leidenschaftlich zu diskutieren oder sich für eine Sache einzubringen wird bei Frauen schnell als Hysterie ausgelegt, als unkontrollierte Wut, die sich unsachlich den Weg bahnt, während bei Männern höchstwahrscheinlich ihr leidenschaftlicher Einsatz für ein Thema nicht gleich pathologisiert worden wäre. (…) Wütende, sichtbare, wortstarke Frauen machen Angst vor Machtverlust.*[26]

Dabei sind Einfühlsamkeit und Feingefühl gar keine Kennzeichen unseres weiblichen Geschlechts. Wissenschaftler bestätigen, dass die Unterschiede zwischen Jungen- und Mädchen-Gehirnen nicht in der Form festgelegt sind, wie wir bisher meinten. Es gebe zwar angeborene Unterschiede, doch das Verhalten der Eltern, die vorgelebten Rollenbilder, die Inszenierung der Geschlechter in der Werbung und in den Medien seien weitaus bedeutender. Einfühlsamkeit ist laut neurobiologischen Wissenschaftlern kein besonderes Kennzeichen eines weiblichen Gehirns.[27] Einen weiteren Beweis dafür, dass dieses biologistische Denken falsch ist, erbrachte der Anthropologe Barry Hewlett, als er im Pygmäen-Stamm der Aka forschte. Dort leben die Menschen in einem egalitären System, was bedeutet, dass die Arbeitsaufteilung nicht nach Geschlecht erfolgt. Die Männer der Aka übernehmen dort die Care-Arbeit samt Mikromanagement, während Frauen auf die Jagd gehen. Väter werden dort in ihrer Fürsorge nicht wie bei uns stigmatisiert, auch weil sie die Auffassung nicht kennen, nach denen Frauen »naturgemäß« für die Kinder verantwortlich seien und über eine bessere Intuition verfügten.[28]

Naturvölker werden von Verfechtern konservativer Rollenverteilung gerne herangezogen, um zu zeigen, wie natürlich die enge Bindung zwischen Mutter und Kind sei und dass es einen weiblichen Drang gebe, für andere zu sorgen. Aber auch bei den Naturvölkern hängt es stark von Kultur und Sozialisierung ab, wer sich um Kinder (und Angehörige) kümmert. Betty Friedan beschreibt in ihrem Buch ganz unterschiedliche Rollenbilder, die bei anthropologischen Forschungen beobachtet wurden. Bei den Arapesh, einem indigenen Volk, gelten sowohl Männer als auch Frauen als weiblich und mütterlich, kooperativ, nicht aggressiv und den Bedürfnissen anderer gegenüber aufgeschlossen, weil sie so erzogen worden sind. Bei den Mundugumor treten Männer und Frauen gleichermaßen gewalttätig und aggressiv auf.[29]

Meine Recherche zeigt mir, dass ich nicht deshalb so viel Care-Arbeit übernehme, weil mein weibliches Gehirn dafür ausgelegt ist, sondern weil es von mir als Frau erwartet wird und ich »serviceorientierter sozialisiert«[30] wurde.

DER MUTTERMYTHOS

DIE MUTTER ALLER PROBLEME

Die Ansprüche von außen an mich als Frau stiegen noch einmal an, als ich Mutter wurde. Niemals zuvor haben sich so viele Menschen in mein Leben eingemischt und mir gesagt, was ich zu tun und zu lassen habe. In der Schwangerschaft fing es an, als Ärzt*innen, Freund*innen und Bekannte zu wissen glaubten, was gut für das Kind sei, und mich auf diese Weise bevormundeten. Hätte ich mich entschieden, nicht zu stillen, hätte mir meine resolute Hebamme die Meinung gegeigt, das hatte sie mir zu verstehen gegeben. Als ich in meinen Job zurückkehrte, fragte ständig jemand, wer sich denn nun um das Kind kümmere. Immer ging es darum, mich als Mutter verantwortlich zu machen, nie wurde meinem Mann die Verantwortung über das Wohlergehen unserer Kinder zugeschrieben. Ist es da nicht logisch, dass ich mich von Geburt der Kinder an dazu verpflichtet sah, mich zu kümmern, alles dafür zu tun, eine gute Mutter zu sein und meine Rolle erwartungsgemäß zu erfüllen? Kinder zu haben ist keine Privatsache, das erfuhr ich schnell. Als Mutter ist man öffentliches Gut und hat eigene Bedürfnisse denen des Kindes unterzuordnen, denn deren Wohl steht an erster Stelle. Wenn dir das jetzt etwas überzogen vorkommt, nehme ich dich mit auf eine Reise in die Vergangenheit. Denn auch wenn in vielen Kulturen der Welt die Mutter eine besondere Stellung einnimmt, so gehen wir hier in Deutschland mit dem »Betreuungsmodell Mutter« noch einmal einen Sonderweg. Das bekommen Frauen zu spüren, die sich diesem Modell ganz oder zeitweise entziehen.

Linda schreibt mir auf Instagram:

Leider ist das Mutterbild oft sehr antiquiert. Ich bin zurzeit in einer Kur ohne Kinder. Aus meinem Umfeld heißt es dann: »Was? Du gehst ohne deine Kinder?! Das könnte ich nie. Wer schaut denn jetzt nach ihnen?« Dabei haben sie einen Vater, der das zu Hause mit den Jungs rockt.

Zu verdanken haben wir dieses Modell übrigens einigen historischen Persönlichkeiten, die das Mutterbild seit dem Mittelalter prägten, was sich bis heute auswirkt.

MÄNNER, DIE AUF MÜTTER SCHAUEN

»Kein Mutterbild ist naturgegeben, es ist keine feststehende und natürliche Komponente des Lebens. Es ist kulturell geformt, angepasst an die jeweilige Gesellschaft und die darin wachsenden Strukturen«[31],

schreibt Susanne Mierau in ihrem Buch *Mutter. Sein.*
Sie zeigt auf, wie sich das jahrhundertealte Märchen von der Einzigartigkeit und der Unentbehrlichkeit der Mutter entwickelt hat und welche männlichen Interessen dahinterstecken, es weiter aufrechtzuerhalten. Dieser Mythos basiert auf verschiedenen Annahmen,

zum Beispiel dass schon die Frauen in der Steinzeit für die Kinder zuständig waren. Wissenschaftler bezweifeln aber mittlerweile, dass ausschließlich Männer auf die Jagd gingen und Frauen bei den Kindern in der Höhle blieben, und rütteln damit an lange gepflegten Geschlechterklischees.[32]

Von der Antike bis ins Mittelalter lag die Kinderbetreuung nicht nur in der Verantwortung der Mutter. Die Familie war vielmehr der »Verbund einer wirtschaftlichen Lebensgemeinschaft«[33]. Kinder wurden zahlreich geboren, und viele von ihnen verstarben. Sie packten ab einem bestimmten Alter bei der Arbeit mit an und unterstützten die Eltern mit ihrer Arbeitskraft, und die Kleinkinderbetreuung war Sache älterer Geschwister und der Angestellten.

All das änderte sich erst mit der fortschreitenden Industrialisierung im 19. Jahrhundert. Die Menschen zogen in die Städte, und die Gemeinschaften schrumpften, weil weniger Wohnraum zur Verfügung stand. Dass die Mutter zu Hause blieb, um auf die Kinder aufzupassen, hatte praktische Gründe, denn es fehlte nun an helfenden Händen. Außerdem propagierten einflussreiche Männer das Konzept der patriarchalen Familie. Schon Reformator Martin Luther war der Ansicht gewesen, dass Frauen sich dem Mann unterzuordnen hätten und ihr Dasein darauf ausgerichtet sei, Mutter zu werden. Der Philosoph und Pädagoge Jean-Jacques Rousseau entwickelte das Konzept der »natürlichen Mutter«: Eine Frau sei dafür da, sich der Mutterschaft hinzugeben. Der Pädagoge Johann Heinrich Pestalozzi untermauerte diese Annahme und sprach von der natürlichen Vorbestimmung der Frau, die im Gegensatz zum Mann feinfühlig, umsorgend und opferungsbereit sei.[34] Seitdem gehören Frausein, Mutterschaft, Sorgearbeit und Haushalt zusammen.

Mitte des 20. Jahrhunderts stärkte Sigmund Freuds Psychoanalyse die Bedeutung der Mutter für die Entwicklung des Kindes, was dazu führte, dass Mütter nicht nur die Verantwortung für das Leben der

Kinder, sondern auch für deren psychische Entwicklung trugen.[35] Während des Dritten Reichs sahen die Nationalsozialisten die natürliche Pflicht der Frau darin, dem Land Kinder zu schenken – nicht zuletzt für die kriegerische Verteidigung Deutschlands.

Nach dem Zweiten Weltkrieg und dem Schrecken der Nazi-Herrschaft gab es für die Mutter jedoch keine Erlösung vom Mythos, der um sie herum aufgebaut worden war. Im Gegenteil, die westdeutsche Nachkriegspolitik zementierte das Bild der Ehefrau, die für die Familie zuständig war. Um sich von der sozialistischen DDR abzugrenzen, sprachen sich Politiker der BRD gegen eine staatlich organisierte Betreuung der Kinder aus und schrieben der Frau die Rolle der Hüterin von Heim und Herd zu, indem sie die Alleinverdiener-Ehe förderten. In der BRD der Nachkriegszeit galt es als erstrebenswert, als Frau nicht berufstätig sein zu müssen, und in manchen Köpfen hält sich diese Annahme bis heute. So wurden die Frauen über Jahrhunderte von Männern »aus der Gesellschaft ins Innere des Hauses gedrängt und mit der Betreuung des Kindes allein gelassen«.[36] Susanne Mierau zieht folgenden Schluss:

> *»Das, was wir seitdem als ›natürliche Mutterliebe‹ betrachten, ist in Wahrheit eine in patriarchalen Kulturen erfolgte Sozialisation der Frau, auf die die alleinige Verantwortung der feinfühligen Aufzucht des Nachwuchses übertragen wurde, während dies ursprünglich eine Gemeinschaftsaufgabe war. Hieraus ergeben sich die zentralen Probleme, mit denen wir heute als Mütter zu kämpfen haben.«*[37]

Die Einflüsse dieser Männer prägen unser Mutterbild bis heute auf fatale Weise durch falsche Zuschreibungen: Mutterliebe ist etwas Besonderes und Singuläres, die Liebe einer Mutter zu ihren Kindern scheint uns mit nichts vergleichbar. Mütter handeln selbstlos, sind unentbehrlich und sehen es als ihre persönliche Pflicht an, sich um die Kinder zu kümmern. Auch ich war der Meinung, Haushalt und Kinderbetreuung seien meine »natürlichen« Aufgaben, und habe mich mit so viel Ehrgeiz an die Familienplanung gemacht, wie mancher Mann in meinem Alter an die Karriere.

»Die Frau geht von ihrer ›natürlichen‹ Startposition als Betreuerin aus, und der Mann von seiner ›natürlichen‹ Startposition als Versorger«[38], schreibt Anne-Marie Slaughter und bringt das Problem damit auf den Punkt. Mutterschaft, wie wir sie seit Jahrhunderten verstehen, ist keine Privatangelegenheit, sondern ein Märchen, an das viele von uns weiter glauben möchten. Aber es ist auch eine unglaublich große Last, die wir da auf den Schultern tragen.

Vielleicht ist dir genau wie mir bewusst geworden, dass wir uns diese Verantwortlichkeit für die Familie nicht einbilden oder sinnlos an uns reißen. Ich habe mich in meiner Not lange gefragt, wieso ich schlecht loslassen kann. Warum fällt es meinem Mann so leicht, Abstand von der Familie zu nehmen? Wieso kann er Pause machen und sich ausruhen, auch wenn es noch so viel zu tun gibt? Gründe für die Unterschiede zwischen Müttern und Vätern finden wir in unserer historischen und kulturellen Vergangenheit. Wenn wir uns mit Mental Load beschäftigen und Wege finden möchten, um uns von der Last zu befreien, müssen wir uns erst einmal fragen, wie es überhaupt zu unserer Bürde kam. Der Muttermythos und unsere Sozialisation tragen einen großen Teil dazu bei, dass wir Frauen uns verpflichtet fühlen, die Familien-Organisation zu übernehmen. Gleichberechtigung sieht anders aus, und so hält der Muttermythos patriarchale Strukturen aufrecht und sichert die Vormachtstellung der Männer. Unsere Kulturgeschichte war bisher darauf ausgerichtet, die Mutter für zuständig zu erklären. Dabei sind Väter dazu genauso in der Lage. Deshalb ist es nun an der Zeit, eine neue Geschichte zu beginnen, findest du nicht auch?

KÜMMERN IST MENSCHLICH

Glaubt man dem Muttermythos, können Frauen auf Gefühle besser eingehen, sind sensibler und haben einen siebten Sinn fürs Kümmern. Das macht es für Männer bequem, denn wenn die Frau das Kümmern scheinbar von Natur aus besser kann, ist es nur logisch, dass ihr dieser Part zuteilwird. Aber diese These ist nicht haltbar, wie Susanne Mierau erklärt. Denn auch Väter sind in der Lage, sich fürsorglich zu kümmern: »Wir sind als Mensch, egal ob weiblich, männlich oder divers, hormonell darauf eingestellt, Kinder zu umsorgen und auf ihre Bedürfnisse zu reagieren.«[39] Forscher*innen bestätigen, dass jede Art von elterlicher Fürsorge dazu führt, dass sich das eigene neuronale Netzwerk für Fürsorglichkeit weiter ausbildet, wobei das Geschlecht der Person keine Rolle spielt.[40] Ich kann das bestätigen: Mein Mann, der schon früh für seine kleine Schwester und zahlreiche Cousins und Cousinen Verantwortung übernahm, hat viel mehr Übung und Erfahrung darin, sich um Kinder zu kümmern. Er geht liebevoller und einfühlsamer mit unseren Kindern um als ich. Schon als sie Babys waren hat er instinktiv alles richtig gemacht und unseren Sohn, der nächtelang weinte, geschaukelt und herumgetragen, ohne auch nur einen einzigen Ratgeber lesen zu müssen. Bis heute ist er mit den Launen des Dreijährigen geduldiger und kann sich in seine Welt hineinversetzen. Er wäre damals auch in der Lage gewesen, zeitweise mit den kleinen Kindern zu Hause zu bleiben. Die Idee, uns die Elternzeit zu teilen, hielten wir aber damals für ausgeschlossen, was ich bis heute bedaure. Männer sind also genau wie Frauen in der Lage, sich liebevoll und aufmerksam um ihre Mitmenschen zu kümmern, das gilt insbesondere für ihre eigenen Kinder. Ist das nicht eine ganz wunderbare Nachricht, die nebenbei das Vertrauen in die Kompetenz unseres Partners stärkt und es uns Frauen möglich machen sollte, die Verantwortung für die Familie auch einmal abzugeben oder zu teilen?

MUTTER SEIN HEUTE

Der Mythos lebt! Das zeigt sich bei einer aktuellen Umfrage, die bestätigt, dass auch noch heute eher von Müttern erwartet wird, sich allein um die Betreuung und Erziehung der Kinder zu kümmern. 81 Prozent der Befragten denken, die Mutter sollte so viel Zeit wie möglich mit den Kindern verbringen, und für etwa die Hälfte bedeutet das auch, dass die Mutter dafür beruflich kürzertreten sollte.[41] Diese Auffassung von Mutterschaft ist der Grund für das schlechte Gewissen, das viele Frauen überfällt, wenn sie morgens ins Büro gehen und vorher die Kinder in die Kita bringen. Väter scheinen darunter nicht zu leiden und müssen sich auch nicht die Fragen gefallen lassen, wer sich denn in ihrer Abwesenheit um die Kinder kümmere.

Auch ich selbst wollte nicht länger als halbtags von meinem Kind getrennt sein, weil ich mich sonst für eine schlechte Mutter gehalten hätte. Anton hat daran keinen einzigen Gedanken verschwendet, auch wenn er erst abends um sechs Uhr aus dem Büro kam. Ich hetzte also nach der Arbeit zum Kindergarten und redete mir den Stress schön, denn schließlich hatte ich so beides, Kinder und Beruf.

Heute lese ich manchmal Kommentare, in denen es heißt, dass Frauen, sobald sie sich für Kinder entscheiden, sich gefälligst auch kümmern müssen. Ich frage mich, warum das nicht für Männer gilt? Vielmehr ist es doch so: Es wird erwartet, dass Frauen sich ein Bein ausreißen, wenn sie sich erdreisten, auf Kinder und Berufstätigkeit Anspruch zu erheben. »Alles ist möglich, wenn du nur willst«, lautet das Motto, während wir zum Hort rennen, unser Kind schnappen und nach Hause hetzen, um dort die Wäsche aus der Maschine zu holen. Währenddessen hängt unser Mental Load wie eine schwarze Wolke über uns.

Meine Nachmittage mit den Kindern bestanden eben nicht nur aus Kichern und Kastanien sammeln. Ich erledigte den Haushalt und fühlte mich schlecht, weil ich nicht mit meinen Kindern spielte. Baute ich mit ihnen Türme, hatte ich ein schlechtes Gewissen, weil noch so viel Wäsche aufzuräumen war. Bei all den Aufgaben, die ich zu erledigen hatte, erlaubte ich mir kaum Pausen, weil ich dann mein Pensum nicht schaffte. Ich schaute laufend auf die Uhr, damit ich rechtzeitig das Abendessen vorbereitete und die Kinder pünktlich ins Bett kamen. »Mamas sind Superhelden«, heißt es, wenn Mütter ihre Überlastung aus Verzweiflung heraus feiern. Das funktioniert aber auch nur so lange, bis sie irgendwann nicht mehr können.

Mütter haben nicht mehr Kräfte als andere Menschen, sie haben kein Aufopferungsgen und sind am Ende des Tages genauso erschöpft wie alle anderen Menschen, die viel gearbeitet haben. Aber die Glorifizierung von Mutterschaft suggeriert, dass wir in der Lage sind, die mentale Last tragen zu können, und wir schämen uns dann umso mehr, wenn wir zugeben müssen, dass wir dem Anspruch nicht gerecht werden.

WAS SICH DURCH MUTTERSCHAFT VERÄNDERT

Noch heute ist es üblich, dass die Mutter nach der Geburt zu Hause bleibt, das zeigt eine aktuelle Studie des Deutschen Instituts für Wirtschaftsforschung. 90 Prozent der Mütter nehmen Elternzeit, aber nur 37 Prozent der Väter. 76 Prozent aller Väter in Elternzeit bleiben lediglich acht Wochen zu Hause.[42]

Auch mein Mann war nur zwei Monate bei uns, bis er wieder zur Arbeit ging. Die Gründe dafür waren die Rollenbilder von Mutter und Vater, die wir damals nicht infrage stellten, sowie der finanzielle Aspekt. Ich verdiente mit meiner Redaktionsstelle ein Drittel von Antons Gehalt, und wirtschaftlich gesehen machte es auf den ersten Blick Sinn, dass ich zu Hause blieb. Hatte ich mich vor meiner Schwangerschaft noch wie eine moderne, unabhängige Frau gefühlt, fand ich mich auf einmal in den Fünfzigerjahren des letzten Jahrhunderts wieder. Während mein Mann das Geld nach Hause brachte, kümmerte ich mich um Kind und Küche, und als ich mir eines Nachmittags das Hirn über der Frage zermarterte, welche Sorte Muffins ich morgen für das Kindergartenbuffet backen sollte, fragte ich mich, wie es so weit hatte kommen können. Wir hatten uns zu wenige Gedanken über meine berufliche Zukunft gemacht, und der Traum vom Haus sowie der feste Glaube daran, dass der Familienvater für das Geld zuständig sei, hatte uns den üblichen Schlamassel eingebrockt, der nun folgen sollte.

Um mich in meine neue Rolle einzufinden, stellte ich höchste Ansprüche an mich selbst und begann, mich in einer fremden Welt einzurichten. Es wurde leichter mit der Zeit, und schon beim zweiten Kind hatte ich Routine, aber mit jedem Familienmitglied war da ein neues kleines Leben, das es zu organisieren galt. Meine Berufstätigkeit änderte nichts daran, und Anton verließ sich darauf, dass ich mich um Kinder, Haushalt und Familien-Organisation kümmerte. Wir bemerkten beide nicht, wie unzufrieden mich diese Aufteilung machte.

Allerdings entsprachen wir mit unserer Arbeitsaufteilung dem typischen deutschen Elternpaar. 92 Prozent der Väter mit minderjährigen Kindern sind erwerbstätig, nahezu alle von ihnen in Vollzeit. Bei Müttern sind 68 Prozent berufstätig, 69 Prozent davon arbeiten in Teilzeit.[43] Die Beschäftigungsquote von Frauen steigt seit Jahren, aber der Anteil der Männer, die Hausarbeit und Kinderbetreuung mit übernehmen, bleibt gering. So heißt es im Väterreport 2018 des Bundesinnenministeriums für Familie, Senioren, Frauen und Jugend:

»Etwa jeder zweite Vater sagt, dass er nur einen kleinen Teil der Hausarbeit erledigt. Knapp jeder zehnte Vater macht nach eigener Aussage (fast) nichts im Haushalt. 38 Prozent der Väter sagen hingegen, dass sie mindestens die Hälfte der anfallenden Hausarbeit erledigen.«[44]

Das Deutsche Institut für Wissenschaftsforschung erklärt die asymmetrische Aufteilung von bezahlter und unbezahlter Arbeit mit dem Ideal des männlichen Ernährers, das durch steuerliche Anreize wie das Ehegattensplitting und unzureichende öffentliche Kinderbetreuung verstärkt wird. Gezeigt wird in dieser Studie auch die Doppelbelastung durch Beruf und Care-Arbeit, der Frauen viel stärker ausgesetzt sind. Kinder sind in einem Haushalt übrigens ein wesentlicher Faktor, der zu dieser Gender Care Gap (geschlechtsspezifische Lücke im zeitlichen Aufwand für Hausarbeit und Fürsorgearbeit) führt. Dann nämlich verbringen Frauen dreimal so viel Zeit mit Kochen, Putzen oder Wäschewaschen wie ihre Partner. Das lässt sich unter der Woche noch mit der Erwerbstätigkeit erklären, aber selbst an freien Tagen verbringen Frauen mehr als doppelt so viel Zeit mit Haushalt und Kinderbetreuung.[45] Spätestens jetzt muss uns doch auffallen, dass hier gehörig etwas schiefläuft, findest du nicht auch?

Vielleicht wunderst du dich aber auch nicht besonders über diese Ergebnisse, weil sie genau auf dich zutreffen. Ich jedenfalls lief am Wochenende zu Hochtouren auf, um all die Dinge zu erledigen, die ich unter der Woche nicht geschafft hatte. Anton kümmerte sich um die Kinder und erledigte den Einkauf, aber er war auch in der Lage, entspannt in der Sonne zu sitzen oder auf dem Sofa in sein Smartphone zu schauen. Ich beneidete ihn darum, sich diese Auszeiten nehmen zu können, aber es fällt leicht abzuschalten, wenn jemand anderes die Kapitänsmütze aufhat und die Hauptverantwortung für die Familien-Organisation übernimmt.

VEREINBARKEIT VON BERUF UND FAMILIE

Mein Arbeitsvertrag lief nach zwei Befristungen in Folge in der zweiten Elternzeit ohne einen Anschlussvertrag aus, was mich kränkte. Also machte ich mich als Journalistin selbstständig und arbeitete von zu Hause aus. Oft fühlte ich mich, als hätte ich zwei ganze Jobs, denn trotz meiner Erwerbsarbeit blieb der Umfang der Care-Arbeit der gleiche. In der Fachsprache heißt diese Doppelbelastung »Second Shift« und benennt eben diese Tatsache, dass auch berufstätige Mütter immer noch die meiste Care-Arbeit übernehmen.

Ich habe auch deshalb die Doppelschicht übernommen und die Zähne zusammengebissen, weil mich ein Gedanke antrieb: Wenn ich die Care-Arbeit nicht mehr länger im Griff hätte, würde mir Anton am Ende raten, meinen Beruf wieder aufzugeben. Aber ich brauchte das Schreiben und wollte mein eigenes Geld verdienen, da es ein Teil meiner Identität ist. Meinen Beruf sein zu lassen und den ganzen Tag mit der anstrengenden Care-Arbeit inklusive mütterlichem Mental Load zu verbringen, war etwas, das ich mir nicht vorstellen konnte. Mit dieser Befürchtung war ich nicht alleine, wie die Soziologin Christina Mundlos erklärt:

> *Die heutige Generation von Müttern hat Angst, dass die Akzeptanz ihres Rechts auf eine Erwerbstätigkeit und das Verständnis für ihre beruflichen Ambitionen ganz schnell wackeln würden, wenn sie daraus resultierend weniger Zeit für Haushalt und Kinder hätten. Frauen haben dank der Frauenbewegung die Möglichkeit, arbeiten zu gehen. Im Privaten wurde dies aber oft nur akzeptiert unter dem Zugeständnis, dass sich für Mann und Kinder dadurch nichts ändert.*[46]

Vielen Frauen geht es wie mir. Auch wenn sie berufstätig sind, kümmern sie sich intensiv um Haushalt und Kinderbetreuung, weil sie sich weiterhin dafür verantwortlich fühlen. Anstatt die Aufgabenteilung mit ihrem Partner zu besprechen und von ihm mehr Engagement zu Hause zu fordern, sobald sie aus der Elternzeit an den Arbeitsplatz zurückkehren, versuchen sie, alle Bälle gleichzeitig zu jonglieren und übernehmen selbstverständlich die zweite Schicht daheim.

Wer seinen Haushalt nicht im Griff hat und sich nicht ausreichend zeitintensiv um die Kinder kümmert, ist keine gute Mutter, so lautet die Erwartungshaltung der Gesellschaft, aber auch die innere Stimme mahnt ohne Unterlass. Also tun Mütter alles, um neben ihrer Berufstätigkeit weiterhin ihre häuslichen Pflichten zu erfüllen. Die optimale Mutter fördert ihre Kinder, ist beruflich erfolgreich, sieht gut aus und entspricht damit einem Ideal, das in der Realität kaum umzusetzen ist. Sie reibt sich auf, weil sie unermüdlich versucht, den Anforderungen gerecht zu werden. Es ist zu kurz gedacht, einer Mutter vorzuwerfen, dass sie sich zu viel aufbürdet. Die wahre Schwierigkeit besteht darin, die Ansprüche der Gesellschaft an Mutterschaft nicht zu übernehmen!

Aber nicht nur Mütter, die ihren Beruf ausüben möchten, finden sich in einer schwierigen Lage wieder. Auch solche, die sich gegen den Beruf und zunächst ausschließlich für die Care-Arbeit entscheiden, stehen in der Kritik. Ihnen wird vorgeworfen, sich unhinterfragt abhängig zu machen, und ihre Arbeit zu Hause wird nicht als ausreichende Tätigkeit bewertet. Sie spüren den Druck, der auf ihnen lastet, und die widersprüchlichen Anforderungen an sie. Um den Ansprüchen wenigstens ansatzweise zu genügen, wollen sie alles perfekt machen und geben sich nicht nur extra viel Mühe mit den Kindern, sondern auch mit dem Haushalt.

Frustrierend ist dabei vor allem die Unsichtbarkeit ihrer Arbeit und die fehlende Wertschätzung, was den Druck erhöht und den Perfektionismus fördert. Wenn sie einen noch eindrucksvolleren Kuchen für das Kindergartenbuffet backen, wenn die Wohnung blitzsauber ist und die Kinder von ihnen den ganzen Tag pädagogisch wertvoll beschäftigt werden – erkennt dann endlich jemand ihre Mühen an?

Sandra schreibt mir auf Instagram:

Kritik findet man an jeder Ecke. Ob man arbeitet, zu Hause ist oder auch, wenn man wie ich in Teilzeit arbeitet. Meine drei Kinder sind jetzt nicht mehr so klein, aber trotzdem ist immer was zu tun. Damit meine ich auch die Sachen, die keiner sieht, die aber irgendwie gemacht, organisiert oder geplant werden müssen. Ich arbeite (…) nur drei Tage die Woche, werde dadurch auch im Beruf nicht wirklich für voll genommen, was auch Druck ausübt. Man sucht sich einige Dinge nicht aus, aber trotzdem müssen sie irgendwie bewältigt werden.

Viele Mütter möchten nicht über Zweifel an ihrer Rolle, über die Überforderung oder die Angst vor dem Scheitern reden. Ich selbst konnte lange nicht zugeben, dass ich den vielen Anforderungen nicht gewachsen war, und ich erinnere mich an zahlreiche Momente, in denen ich mich unter anderen Müttern völlig unzulänglich fühlte. Ich hatte das Gefühl, bald aufzufliegen, sodass alle erkennen würden, dass ich meinen Mutter-Job eigentlich nur provisorisch verrichtete. Im Kindergarten war ich beeindruckt von kreativen Buffetbeiträgen am Sommerfest oder von Kindern, die immer dem Wetter entsprechend gekleidet waren. Um meine mangelnden Mutterqualitäten zu kompensieren, schaute ich mir ab, wie clever sich andere Mütter den Herausforderungen des Alltags stellten. Das trug dazu bei, dass ich irgendwann selbst gut ausgestattet war. Die Wickeltasche war immer gefüllt, die Garderobe der Kinder passte zur Jahreszeit, und so hatte ich irgendwann meinen Mann in Sachen Organisationskompetenzen weit hinter mir zurückgelassen.

DER NEUE ANSPRUCH

Wer mit seinen Kindern kreativ ist und mit ihnen bastelt, ist eine gute Mutter. Dieser Glaube hat sich in meinen Kopf eingebrannt und dazu geführt, dass ich entgegen meinem Naturell begann, Krepppapier, Perlen und Schnüre zu kaufen, Salzteig anzurühren und mich nachmittags mit den Kindern zum Basteln an den Tisch zu setzen. Ich suchte nach Herbst-, Frühlings- und Weihnachtsprojekten und fand im Internet die tollsten Anleitungen. Wichteltüren im Advent, gehäkelte Oster-Mobiles, Jahreszeitentische oder Kastanienketten – die Auswahl war dank Pinterest gigantisch, und es klang meist so, als ginge alles einfach und schnell. Manchmal schien es, als wäre nur das wertvoll, was Zeit kostete. Wer dagegen einen Tiefkühlkuchen kauft und im Advent lieber auf dem Sofa liegt und liest, anstatt unermüdlich Plätzchen zu backen, gibt sich für die Kinder nicht genug Mühe. Ich jedenfalls hatte mit all meinen Projekten noch weniger Zeit, mich endlich mal auszuruhen oder mich mit dem Sachverhalt auseinanderzusetzen, dass mich der Alltag immer mehr auslaugte.

Wir Mütter haben übrigens auch in Sachen Erziehung einen hohen Anspruch. Weil ich so viel las, hätte ich bald zu Themen wie Beikost-Einführung, Bindungsverhalten oder Schlafstörungen ganze Hausarbeiten schreiben können. »Kindererziehung ist eine sensible und verantwortungsvolle Aufgabe. In der medialen Öffentlichkeit wird sie stilisiert und zu einer hochemotional aufgeladenen Angelegenheit«, schreibt Soziologin Christina Mundlos und erklärt, wie der Druck auf Mütter dazu führt, dass sie sich gegenseitig beäugen: Wer selbst unter Beobachtung steht und immerzu Angst hat, etwas falsch zu machen, ist erleichtert über den Fehltritt einer anderen Mutter, zeigt er doch, wie gut man die Sache selbst im Griff hat. Das führt auch dazu, dass Mütter ihre Kinder miteinander vergleichen. Schneidet das eine Kind beim Thema Entwicklung, Schlafverhalten oder Benehmen besser ab, geht diese vermeintliche Leistung auf das Konto der Mutter. Dieser Leistungsvergleich ist die Kehrseite der Medaille, wenn Mütter vollständig für die Entwicklung und Gesundheit ihrer Kinder verantwortlich sind, sagt Mundlos. Wir alle spüren den Druck, in den Augen der Gesellschaft eine gute Mutter sein zu müssen, aber statt uns gegen die Anforderungen zu wehren, tragen wir weiterhin untereinander Grabenkämpfe aus.[47] Wie kann es gelingen, Prioritäten zu setzen und zu erkennen, dass die eigenen Erwartungen meist viel zu hoch sind?

Dr. Mirriam Prieß: *Leben ist gelingende Beziehung. Diese ist durch den Dialog gekennzeichnet, der mehr als nur eine verbale Kommunikation, sondern eine innere Haltung beschreibt. Ein zentraler Aspekt des Dialogs ist, eine »Beziehung auf Augenhöhe« zu führen, das heißt, dem, was ist, gradlinig ins Gesicht zu blicken. Augenhöhe beschreibt den Willen zur Wahrhaftigkeit und die Bereitschaft zur Realität. Dies gilt mir selbst gegenüber wie dem, was ich tue, meinen Zielen, meinem Beziehungspartner. Überlastung, Erschöpfung und Enttäuschung entstehen überall dort, wo Augenhöhe fehlt – entweder haben wir etwas/jmd./uns selbst »auf den Thron gesetzt« oder kleiner gemacht, als es/er/sie ist. Die Fähigkeit zur Augenhöhe beginnt immer mit der Bereitschaft, mich so anzunehmen, wie ich bin: »So, wie ich bin, bin ich gut.« Auf dieser Grundlage kann ich das Bestmögliche machen, anstatt mich im Unmöglichen zu verlieren. Augenhöhe bedeutet anzuerkennen, dass nicht alles möglich ist. Dass das Leben nicht gerecht ist und dass jeder Mensch begrenzte Kapazitäten hat.*

Ein weiterer Aspekt, um uns vor Erschöpfung zu schützen und Prioritäten zu setzen, ist, für das dialogische Gleichgewicht zu sorgen – in unseren Beziehungen und in dem, was wir tun: Das heißt, ich komme im Gespräch genauso vor wie der andere und das Wir. Es besteht immer ein Gleichgewicht zwischen Nehmen und Geben. Dies fehlt, wenn wir keine Prioritäten setzen, entweder geben wir zu viel oder nehmen wahllos.

DRUCK UND VERLOCKUNG IM INTERNET

In sozialen Netzwerken wie Instagram finden wir Trost von Gleichgesinnten, Inspirationen für unseren Alltag mit Kindern und viele Vorbilder, an denen wir uns orientieren können. Das Problem ist nur, dass über viele dieser Bilder ein sehr konservatives Mutterbild weitergegeben wird. Frauen basteln, backen und kümmern sich, zeigen sich gerne mit Kindern im Arm, sind schön, fleißig und mütterlich. Zu selten wird thematisiert, dass das Kümmern anstrengend sein kann, Müttern zu Hause die Decke auf den Kopf fällt oder ihnen die Kinder auch mal auf die Nerven gehen. Dadurch entsteht eine Art Teufelskreis: Mütter bewundern andere, die ihre ehemals zugedachte Rolle perfekt ausfüllen und sich rollenkonform geben. Sie liken Fotos, die Frauen in ihrem häuslichen Umfeld zeigen oder dabei, wie sie die Wohnung stilvoll dekorieren. Aufgeräumte Wohnzimmer, schick gekleidete Kinder und bombastische Kuchenkunstwerke machen Eindruck auf die normale Mutter, die sich anschließend unzulänglich fühlt. So fördert der Social-Media-Kanal das schlechte Gewissen. Gleichzeitig geht eine starke Faszination von den Bildern aus, die uns das Märchen von der perfekten Mutter erzählen, an das wir insgeheim selbst noch glauben.

Sich um die Kinder zu kümmern und die mentale Last der Familienverantwortung im Alleingang zu tragen, wird von der Mutter zwar verlangt, aber sie wird dafür nicht ausreichend geschätzt. Viele Mütter finden über die sozialen Netzwerke endlich Anerkennung für ihre Mühen. So bleibt der Muttermythos dort lebendig und hat Einfluss auf viele junge Frauen und Mädchen, die sich im Netz ein Bild von Mutterschaft machen möchten. Sie gewinnen den Eindruck, dass Care-Arbeit Frauensache sei, und ahnen nichts von der mentalen Belastung, die damit einhergeht. Viele erfolgreiche Instagram-Mütter mit tausenden von Followern kommen aus den USA und sind Mormoninnen. Sie leben aus religiösen Gründen sehr konservativ, bekommen oft viele Kinder, sind nicht berufstätig und kümmern sich um den Haushalt. »Sie lieben ihre Familien, sind äußerst talentiert und haben eine hohe Arbeitsmoral.«[48] Dieser Trend nimmt Einfluss auf Frauen in Deutschland und passt natürlich wie die Faust aufs Auge zum Muttermythos. Das hat Auswirkungen auf die nachfolgende Generation: Die Studie *Rollenbilder in den Sozialen Medien* von Plan International bestätigt, dass junge Menschen, die Social Media täglich nutzen, ein eher konservatives Rollenbild haben. 57 Prozent der jungen Männer und 35 Prozent der jungen Frauen finden, dass Frauen stärker als Männer für die häuslichen Aufgaben und Kinderbetreuung zuständig sind. Die Menschen, denen die jungen Leute auf Instagram folgen, haben eine große Vorbildfunktion, bestätigt die Studie. Weil Gleichberechtigung auf Instagram keine so große Rolle zu spielen scheint, tut es das für sie auch nicht in der analogen Welt.[49]

”

Katha schreibt mir auf Instagram:

Ich fühle mich sehr oft schlecht, da ich nicht perfekt gestylt mit Neugeborenem dagesessen bin oder gleich stundenlange Spaziergänge machen konnte. Ich hatte mit den Schmerzen nach der Geburt zu kämpfen und war oft müde und manchmal überfordert! Und jetzt mit zwei Kleinkindern ist es auch manchmal so, dass ich wütend werde, weil sie zum Beispiel nicht die Zähne putzen wollen und wegrennen und du nach 5x nettem Bitten und einem harten Arbeitstag manchmal keine Kraft mehr hast, nett zu sein. Zumindest geht es mir so. Und auf Instagram leben, glaube ich, einfach die perfekten Kinder, die immer hören und stundenlang schlafen.

BACKLASH ODER DIE BEWEGUNG DER NEUEN HÄUSLICHKEIT

Es gibt eine starke Tendenz, den Muttermythos wieder aufleben zu lassen. Möglicherweise liegt das daran, dass auf Freiheitsbewegungen oft ein Schritt zurück in die Vergangenheit folgt. »Leider ist festzustellen, dass es gerade unter gut ausgebildeten jungen Frauen in großen Städten eine Art Rückwärtsbewegung – einen ›Backlash‹ – gibt«, schreiben Helma Sick und Renate Schmidt in ihrem Buch *Ein Mann ist keine Altersvorsorge*[50], und beziehen sich damit auf die Tendenz, dass sich einige Mütter wieder in die traditionelle Rolle der Hausfrau zurückziehen. Gründe dafür seien ihrer Meinung nach die überdurchschnittliche Anspruchshaltung der Frauen an sich selbst, die durch die Medien noch verstärkt wird, aber auch die Bequemlichkeit, den gleichen Weg zu gehen, den sie schon von ihren eigenen Müttern kennen. Viele Frauen sehen die Ehe immer noch als Altersvorsorgemodell und steigen, nachdem sie Kinder bekommen haben, schnell wieder aus dem Berufsleben aus, so die Autorinnen.[51] Hinzu kommt, dass in der Tradition der westdeutschen Nachkriegspolitik Kinderbetreuung durch andere Menschen als die eigene Mutter kritisch betrachtet wird. Missstände wie Betreuungsmangel und fehlende Kitaplätze haben wir dem deutschen Sonderweg zu verdanken, denn die Familienpolitik der früheren Bundesrepublik trennte Familie und Staat voneinander und erklärte Kindererziehung zur Privatsache. In anderen westeuropäischen Staaten förderte man die

Vereinbarkeit von Erwerbstätigkeit und Mutterschaft, indem man den Ausbau außerhäuslicher Betreuung vorantrieb, wie beispielsweise in Skandinavien.[52] So ist es kein Wunder, dass noch heute Mütter meinen, es sei besser für ihre Kinder, sie bis zur Einschulung zu Hause zu betreuen. Auch rechtskonservative Parteien haben ein Interesse daran, dass die Frau bei den Kindern bleibt. Die AfD spricht sich gegen frühkindliche Betreuung und die »Verstaatlichung unserer Kinder« aus und protestierte gegen die Krippenausbaupläne der Bundesregierung. »Damit agiert sie als politischer Arm einer erzkonservativ, evangelikal und in neurechten Kreisen bestens vernetzten Ideenwelt, die aus Familienlobbyisten, konservativen Kinderärzten, christlichen Fundamentalisten und Abtreibungsgegnern besteht«, wie eine Studie der Heinrich-Böll-Stiftung zeigt.[53]

Der kanadische Entwicklungspsychologe Gordon Neufeld schreibt als Autor auf den mit verschiedenen konservativen Familiennetzwerken verzweigten Webseiten des Ehemanns der AfD-Politikerin Beatrix von Storch und verbreitet dort seine eigene Theorie, die in der Konsequenz nur eine Abkehr von staatlicher Kinderbetreuung, von erwerbstätigen Müttern und gleichgeschlechtlichen Eltern zulässt.[54]

In Anbetracht der Tatsache, dass es für Mütter sehr schwer ist, nach der Elternzeit wieder in ihren Job zurückzukehren, Kita-Plätze Mangelware sind und sich zu wenige Väter bereit erklären, für die Berufstätigkeit der Partnerin selbst im Job zurückzustecken, ist es verständlich, dass viele Frauen sich mit der Doppelschicht-Lösung oder der Hausfrauenrolle anfreunden. Die »Bewegung der neuen Häuslichkeit« ist allerdings sehr kritisch zu betrachten und verstärkt den Mental Load zusätzlich, weil er Mütter dazu bringt, immer noch mehr zu tun, um dem scheinbaren Ideal zu entsprechen. Gemüse selber ziehen, Babyhosen nähen und die Kinder in Eigenregie pädagogisch wertvoll betreuen – was klingt wie vor hundert Jahren, ist der Anspruch, den manche Mütter heute an sich stellen. Wir sollten immer hellhörig werden und genau hinschauen, wenn Menschen von Frauen und ihren »natürlichen« Fähigkeiten sprechen. Dahinter stecken oft konservative, christlich fundamentalistische oder sogar rechte Ideologien. »Frauen zu Hausfrauen zu machen war nun mal nie Ausdruck von Freiheit und natürlichen Fähigkeiten, sondern immer politischer Wille.«[55] So geschieht es aktuell mit den »Tradwives« in den USA. Hinter dieser Bewegung stehen Frauen, die sich in sozialen Medien als traditionelle Hausfrauen inszenieren, für ihren Mann ganz bewusst auf eine eigene Karriere verzichten und diese Rolle leidenschaftlich zelebrieren.

Jede Frau soll selbst entscheiden können, wie sie leben möchte. Zu Hause die Care-Arbeit zu machen und sich um Familie und Kindern zu kümmern, ist eine wichtige Tätigkeit, die es zu schätzen gilt. Frauen aber in diese Rolle zu drängen und ihnen damit alternative Lebensmodelle vorzuenthalten, ist der falsche Weg.

DAS SCHLECHTE GEWISSEN

Was bringt Mütter eigentlich dazu, unermüdlich für die Familie da zu sein, täglich so viel zu leisten und zu versuchen, all die Ansprüche zu erfüllen, die die Gesellschaft an sie stellt? Ich denke, das ist vor allem das schlechte Gewissen, das uns alle gleichermaßen quält. Seit ich Mutter bin, habe ich ein schlechtes Gewissen. Alles, was rund um die Kinder, den Haushalt und die Familien-Organisation nicht wie geplant läuft, betrachte ich als meinen Fehler, denn in meiner Wahrnehmung und der anderer Menschen bin ich für alle diese Belange verantwortlich. Im Kindergarten bat man mich um meine Telefonnummer, und so wurde ich Mitglied der WhatsApp-Gruppe für allerlei Angelegenheiten. Man lud mich zu Elterngesprächen ein, mir wurde die Verantwortung über Logopädie-Übungen, korrektes Zähneputzen und für ausreichend Bewegung und frische Luft übertragen. Wenn ein Kind krank war, klingelte mein Telefon, und die

Erzieherin bat mich, es abzuholen. Später in der Schule lautete die Anrede im Elternbrief mit Bitte um Begleitung beim Wandertag »Liebe Mütter«, und auch für die Weihnachtsfeier des Sportvereins wurden die »Mamas« um leckere Buffetbeiträge gebeten.

Väter erhalten dagegen reichlich Lob für Dinge, die bei Müttern selbstverständlich sind. »Dein Mann macht echt viel bei euch zu Hause«, sagen Bekannte anerkennend zu mir. »So was gab es früher nicht«, staunt die Großtante, wenn Anton die Wäsche macht. Babys herumtragen, einkaufen, staubsaugen, mit den Kindern basteln oder auf den Spielplatz gehen, für diese Dinge wird er gelobt und gepriesen. Bei mir ist es andersherum. Alles, was ich nicht leiste, geht auf mein Minuskonto. Aktuell ist mein schlechtes Gewissen besonders groß, wenn ich meine Kinder anschreie. Das passiert dann, wenn ich mental extrem belastet bin. In diesem Jahr habe ich Erziehungsratgeber gelesen, die auf psychische Auswirkungen von Schreien und Schimpfen auf Kinder hinweisen und sich in Bild und Titel an Mütter wenden. Die Auseinandersetzung damit hat mein schlechtes Gewissen noch zusätzlich befeuert. Anstelle die einseitige mentale Belastung zu kritisieren und endlich zu fordern, Mütter zu entlasten, wird ihnen so zusätzlich Druck gemacht. Ich bin damit in folgenden Teufelskreis geraten: Ich kümmere mich um die Kinder und den Haushalt und verantworte die Organisation im Alleingang, bin deshalb gestresst und genervt, meckere zu Hause mit den Kindern und meinem Mann herum, bekomme deshalb ein schlechtes Gewissen, mache mir noch mehr Vorwürfe, betreibe Gefühlsarbeit, um die negativen Gefühle erneut zu regulieren, und bin noch mental belasteter als zuvor.

»Mütter sollen geduldige Märtyrer sein, also verfaulen unsere Wutanfälle unter unserer Scham«, schreibt Minna Dubin ihrem Essay *The rage mothers don't talk about.*[56] Mütter dürfen nicht wütend und laut werden, das sagt uns der Mythos der ewig geduldigen und achtsamen Mutter. Werden wir es doch, schämen wir uns und haben den Eindruck, das Problem liege allein bei uns. »Die Maßstäbe, die heutzutage an die Erziehung von Kindern gelegt werden, sind so hoch wie nie zuvor. Die Verantwortung, die Mütter (und Väter) damit tragen, wiegt noch sehr viel schwerer als in vergangenen Zeiten«, sagt Soziologin Christina Mundlos.[57] Mit diesen erhöhten Maßstäben werde es noch schwieriger, den Ansprüchen gerecht zu werden. Mutterschaft unterliege einer starken Professionalisierung: Je mehr Verantwortung Mütter übernähmen, desto mehr Fehler und Probleme würden ihnen angelastet und desto schlechter fühlten sie sich.[58] Besonders treffend fasst die öffentliche Kritik an Müttern Bloggerin Andrea Harmonika in ihrem Text *Deine Mudda* zusammen. Sie werden in den Medien kritisiert für öffentliches Stillen, für Kinderwägen, die den Weg versperrten, für ihr nachlässiges Outfit oder ihre mangelnden beruflichen Ambitionen.[59] Aber auch das typisch deutsche Wort »Rabenmutter« fällt, sobald eine Frau ihre Priorität auf den Beruf legt.

Das Gefühl, sich nicht genug anzustrengen, ist der Antreiber für unseren Alltag. Mütter wollen genügen, und um sich nicht der Kritik anderer ausgesetzt zu fühlen, brennen sie darüber aus. »Schuldgefühle sind von uns selbst erzeugt. Sie entstehen, wenn wir unseren inneren, von uns akzeptierten Normen zuwiderhandeln und uns dafür verurteilen«, schreibt Psychotherapeutin Dr. Doris Wolf in ihrem Buch *Wenn Schuldgefühle zur Qual werden.*[60] Sie beschreibt, woran es liegt, dass Frauen besonders oft Schuldgefühle entwickeln. Sie verdienen bei gleicher Arbeit weniger als Männer, dürfen in kirchlichen Hierarchien nur auf der untersten Stufe mitwirken, sind in Wirtschaft, Politik und Forschung seltener in Führungspositionen zu finden und haben bis ins Erwachsenenalter schon so viele Selbstzweifel entwickelt, dass sie von der Bestätigung von außen abhängig werden.[61]

Ella schreibt mir:

Ich nehme mir immer wieder vor, viel mit meinem Kind zu unternehmen und nicht nur auf das Handy zu starren. Überall liest man: Wenn du das und das nicht machst mit deinem Kind oder wenn du es anschreist oder schlimme Dinge sagst, dann passiert das und das mit deinem Kind. Und dann passiert das Leben. Situationen, die einfach nur anstrengend sind: Man hat Kopfschmerzen, ist müde und möchte einfach nur Schokolade essen, aber das Kind möchte unbedingt auf deinen Schoß oder auf dem Sofa springen oder hat sonst einen Blödsinn im Kopf. Und wenn es einem dann nicht gelingt, nicht aus der Haut zu fahren, sitzt man abends da und ist einfach nur traurig.

Hanna schreibt:

Ich habe oft ein schlechtes Gewissen, wenn ich mir Zeit für mich nehme. Sei es einen Abend weggehen und denken: Jetzt muss er die Kinder alleine ins Bett bringen. Oder mal ein Wochenende wegfahren. Mein Mann hat kein schlechtes Gewissen. Er trifft sich einfach mit Freunden, egal ob die Kinder schon im Bett sind oder nicht.

Martina schreibt:

Ich habe STÄNDIG ein schlechtes Gewissen: Dass ich nie beiden Kindern gerecht werden kann, dass ich manchmal laut werde, obwohl es nicht richtig ist, dass es mal zum Abendessen nur Nudeln mit Tomatensauce gibt und kein Bio-Vollkorn-Gemüse-Gericht aus dem Unverpackt-Laden, dass ich meiner Großen manche Sachen verbiete, weil ich weiß, dass es ihr nicht guttut, obwohl es andere Kids in ihrem Alter dürfen (im Kino Frozen II schauen), dass die Kids öfters mal zu Oma und Opa gehen, damit ich zu Hause überhaupt einen Bruchteil des Haushalts schaffe!

Wieso geht es ganz vielen Frauen ähnlich, und wie kann man dieses schlechte Gewissen fachlich erklären, habe ich Dr. Prieß gefragt:

LF: *Gibt es Ihrer Meinung nach bei Frauen einen Hang dazu, Gefühle der Wut und der Aggression zu unterdrücken, weil diese Gefühle Frauen oft nicht zugestanden werden? (Sie sollen lieb und freundlich sein ...) Was passiert, wenn man diese Gefühle nicht zulassen möchte?*

Dr. Mirriam Prieß: *Ja, diesen Hang gibt es, unter anderem entstanden durch die ersten Beziehungserfahrungen wie durch soziale Prägung. Jede Unterdrückung führt zu Gegendruck und irgendwann zur Explosion oder Implosion. Das Unterdrückte sucht sich immer seinen Weg. Das, was nicht gradlinig geäußert wird, wird subtil platziert und vergiftet den Menschen innerlich wie die Beziehung im Außen. Ein typisches Phänomen bei Burn-out ist die Unfähigkeit, Gefühle zuzulassen und die Tendenz, Aggressionen »wegzudrücken«. Diese werden irgendwann gegen sich selbst gerichtet, was sich mental, emotional wie körperlich auswirkt. Der Dialog mit den eigenen Gefühlen ist die Grundvoraussetzung, gesund zu bleiben, wie auch Voraussetzung, sich in Beziehungen auf Augenhöhe zu vertreten. Aggressionen gehören zum Leben dazu, sie werden erst destruktiv, wenn sie unterdrückt werden.*

Dr. Mirriam Prieß macht hier klar, wie gefährlich dieser Druck und das schlechte Gewissen für unsere Psyche sind. Außerdem finde ich es in diesem Zusammenhang besonders wichtig, dass auch Frauen und Mütter Wut und Aggression empfinden und ausdrücken müssen, denn diese unterdrückten Gefühle gepaart mit dem hohen Anspruch an sich selbst machen einen Teil der mentalen Last aus.

PERFEKTIONISMUS

Neben all den Anforderungen, die ich an mich als Mutter stelle, treibt mich auch mein nerviger Perfektionismus um. Ich räume alle Dinge gerne ordentlich an ihren Platz und lege Handtücher identisch gefaltet aufeinander. Ich sehne mich nach Ordnung und Sauberkeit, bin zu Hause aber ständig mit buntem Chaos und schmutzigen Böden konfrontiert.

Wenn ich so darüber nachdenke, entspringt die Abneigung gegen Unordnung einer großen Sehnsucht nach Ruhe im Kopf. Je größer die Toleranz gegenüber chaotischen Zuständen, desto aufgeräumter ist es im Kopf, habe ich bei anderen Müttern festgestellt. Bei mir ist die Toleranz minimal und das Chaos im Kopf dafür unermesslich. Ich habe immer ein Ziel vor Augen: Wäre irgendwann zu Hause die langersehnte Ordnung eingekehrt, würde ich endlich Frieden finden und wäre von meiner mentalen Last befreit. So lange das nicht passiert, sind Lärm, Unordnung und Durcheinander angesagt. Das Bild, das sich uns zu Hause bietet, ist deshalb eine Metapher für mein Hirn, in dem es drunter und drüber geht wie in den Zimmern meiner Kinder. Meinen Mental Load besiege ich durch meine Geschäftigkeit niemals, denn das Chaos ist mit Kindern immer präsent und die To-do-Listen bleiben endlos.

Es geht also um viel mehr als um den Perfektionszwang. Der beinhaltet neben dem Wunsch nach Ruhe im Kopf auch eine Sehnsucht nach Anerkennung. Ich bin modern und feministisch, aber in mir schlummert der Wunsch, dass Menschen meine Arbeit zu Hause und mit den Kindern sehen. Dass auffällt, wie viel ich aufräume, wasche und wie viel ich mich darum kümmere, dass wir uns in unserem Haus wohlfühlen.

Außerdem leidet mein Selbstbewusstsein darunter, dass ich beruflich abgehängt wurde. Nun möchte ich wenigstens in meiner neuen Rolle glänzen. Dabei falle ich herein auf die Aussage, eine Frau könne alles haben, wenn sie sich nur anstrenge. Also strenge ich mich an und freue mich, wenn ein geladener Gast sagt, dass es bei uns gemütlich ist und der Apfelkuchen lecker schmeckt. Erkennst du dich in diesem Streben nach Anerkennung wieder? Aber es fühlt sich erniedrigend an und ist damit auch ein Teil des Problems. Wir schieben Mental Load gerne auf die übereifrige Hausfrau, die sich ihr Problem selbst eingebrockt hat. Dabei ist ihre Motivation eine völlig andere:

> *Sie speist sich aus der gesellschaftlich vorgegebenen Erwartungshaltung, dass Frauen in jeder Hinsicht perfekt sein müssen, und aus der Vorstellung, dass ich kein wertvolles Mitglied der Gesellschaft bin, wenn es mir nicht gelingt, dieses hohe Ziel zu erreichen.*[62]

HÄUSLICHER KONTROLLZWANG

Tiffany Dufu, eine der einflussreichsten Meinungsbildnerinnen in Sachen Frauenförderung in den USA und beruflich erfolgreich, kennt das Phänomen des häuslichen Kontrollzwangs.[63] Sie war besessen von der Organisation und der Führung ihres Haushalts und verbrachte Stunden mit Erledigungen, die sie nicht aus der Hand geben konnte, weil sie diese ihrem Mann nicht zutraute. Die Macht über etwas abzugeben, auch wenn man sie nie besitzen wollte, fällt schwer, und die Perfektion im Haushalt wird zur Sucht, schreibt sie. Die Angst, vor anderen als Rabenmutter oder als schlechte Hausfrau dazustehen, ist so groß, dass Frauen alles dafür tun, ihre Rolle zu erfüllen.[64]

Schon meine Oma war stolz auf die Sauberkeit in ihrem Haus, und auch meine Mutter und meine Schwiegermutter legen viel Wert auf Ordnung. Wir alle wuchsen mit dem Eindruck auf, dass Frauen für die Sauberkeit im Haus verantwortlich sind, und haben diesen Anspruch übernommen. Dabei geschieht folgendes Phänomen: Man wird immer besser und effektiver, dringt aber auch in die hintersten Ecken vor und sieht, was es noch alles zu tun gibt. Ich fülle meinen Kopf mit Haushaltsaufgaben und reinige das Flusensieb, weil die Waschmaschine funktionieren muss, oder sortiere unsere Kleiderschränke durch, weil zu kurze Hosen und Pullover frühmorgens beim Anziehen nerven. Dann sauge ich noch eben die Staubmäuse in der hintersten Ecke des Schranks weg und notiere mir mental, dass ich dringend die Kaffeemaschine entkalken sollte. So bin ich über die Jahre zur Spezialistin für alle Haushaltsangelegenheiten geworden.

Im Buch *Der Weiblichkeitswahn oder die Selbstbefreiung der Frau* erklärt Betty Friedan, wie der stetig steigende Aufwand im Haushalt bei amerikanischen Hausfrauen zu Frust und Depressionen führte. Nach dem Zweiten Weltkrieg sehnten sich die männlichen Kriegsheimkehrer nach Frieden in den eigenen vier Wänden, in denen die Ehefrau für Behaglichkeit sorgte. So wurde das Bild der tüchtigen Hausfrau in neuen, von Männern geführten Frauenmagazinen eifrig beworben.[65] Mütter konzentrierten sich von nun an auf das Heim und meinten, einzig in Ehe und Mutterschaft ihre Erfüllung zu finden.

Dabei hatte es zuvor in den USA eine große Frauenbewegung gegeben. Nun aber unterdrückten sie ihre freiheitlichen Bedürfnisse und begannen deshalb, Mutterschaftspsychosen zu entwickeln. Diese Psychosen, also Symptome, die sich bei psychischen Erkrankungen zeigen, drückten sich aus in depressiven Verstimmungen, Freudlosigkeit, Müdigkeit, Hautausschlägen, Mutlosigkeit oder einem überwältigenden Gefühl von Einsamkeit und Leere im Inneren.[66] Die amerikanische Werbeindustrie machte sich den Perfektionismus und den häuslichen Kontrollzwang zunutze. Um den Absatz zu steigern, wurde genau analysiert, wie Menschen auf Werbung reagierten. »Vom Standpunkt des Verkäufers ist es gerade von Vorteil, dass die Arbeit nie aufhört«[67], schreibt Betty Friedan über die perfide Strategie. Man müsse nur die Tatsache verschleiern, dass den Hausfrauen die Arbeit zum Halse raushänge, und sich das Schuldgefühl zunutze machen, das die Frau über den Schmutz im Haus befällt.[68] Werbepsychologen rieten damals Verkäufern von Haushaltsmaschinen, »im Auge zu behalten, dass fast alle Hausfrauen, selbst jene, die ihre Tätigkeit zutiefst verabscheuen, sich paradoxerweise am besten dadurch mit ihrem Schicksal abfinden, dass sie sich in die Arbeit stürzen.«[69] So funktioniert es noch heute, wenn uns weisgemacht wird, dass das Kochen mit der teuren Multifunktions-Küchenmaschine Zeit spart, die wir anderweitig nutzen können.

Hausarbeit ist immer noch hauptsächlich Frauensache. »Es gibt Schätzungen, laut denen im Durchschnitt 80 Prozent der Frauen täglich Hausarbeit verrichten und nur ein Drittel aller Männer«,[70] sagt Maria Mesner, Vorstand der Österreichischen Gesellschaft für Geschlechterforschung. Diese zwei Pole nähern sich zwar an, aber nach wie vor besteht ein erheblicher Unterschied zwischen den Geschlechtern, der auch »Gender Bias« genannt wird. Häufig entwickeln sich innerhalb der Phase, in der die Kinder klein sind, Gewohnheiten, Erfahrungen und Kompetenzen, die auch später beibehalten werden. Wenn das Kind größer ist und die Frau wieder in den Beruf einsteigt, übernimmt der Mann mehr Hausarbeit, trotzdem ist die Verteilung der unbezahlten Arbeit nach dem ersten Kind weniger ausgewogen als zuvor – auf Kosten der Frau.[71]

MATERNAL GATEKEEPING

Weil ich so lange tagsüber alleine für den Haushalt zuständig war, habe ich ein System etabliert, das sich bewährt hat. Mit drei Kindern herrscht so viel Chaos, dass ich den Überblick behalten muss, auch deshalb hat alles seinen Platz, und mein Handeln im Haus folgt einer Strategie, die meine Nerven schonen soll. Mein Verhalten bestätigt den Eindruck, dass ich die Kontrolle über den Haushalt nur schwer abgeben kann, obwohl er mir zu Last fällt. Maternal Gatekeeping nennt man das mütterliche Kontrollbedürfnis, das bereits von der Wissenschaft erforscht wird. Studien belegen, dass etwa jede fünfte Frau dadurch das väterliche Engagement im Familienleben blockiert.[72]

Dabei stellt sich natürlich auch die Frage, wie viele Frauen dabei aus Selbstschutz den letzten Machtbereich verteidigen, der ihnen geblieben ist. Viele Mütter sind durch jahrelange Übung die kompetenteste Person im Haushalt geworden und erfahren über ihre Unersetzlichkeit eine Form der Bestätigung (»ohne mich läuft hier nichts«). Die Paar- und Familientherapeutin Gabriele Leipold erklärt, dass sich hinter der Machtdemonstration der Frau im Haushalt viel Frust verbirgt. Es steckten oft Minderwertigkeitskomplexe dahinter und die Angst, keinen Weg mehr zurück in den Beruf zu finden oder beruflich nicht mehr vorwärtszukommen. Zu Hause dagegen läuft alles reibungslos, und deshalb halten viele Frauen an ihrem Hausfrauenstatus fest.[73]

Andererseits machen es sich viele Väter bequem, wenn sie ihr mangelndes Engagement darauf zurückführen, dass die Partnerin nichts aus der Hand gibt. Es ist einfach, sich über das mit viel Mühe aufgebaute Ordnungssystem im Haus lustig zu machen, wenn man nicht für den reibungslosen Ablauf verantwortlich ist. Man(n) mag es übertrieben finden, die Familienmedikamente in verschiedenen beschrifteten Boxen aufzubewahren, bis einer nachts die Säuglingsnasentropfen sucht, während das verschnupfte Baby seine

Geschwister wachbrüllt. Wenn wir unseren Haushalt so gut organisiert haben, dass der Alltag mit der Familie möglichst reibungslos läuft, erwarten wir natürlich auch, dass dieses mühsam aufgebaute System von unserem Partner übernommen und nicht einfach für unnötig erklärt wird. Es ist frustrierend, wenn sinnvolle Methoden zur Chaosvermeidung als Maternal Gatekeeping abgetan werden. Denn es impliziert, diese ganze Kümmer- und Organisationsarbeit sei wenig wert, wenn wir darauf eigentlich verzichten könnten.

MÄNNER UND VÄTER

DAS MÄRCHEN VOM UNFÄHIGEN MANN

Manchen Müttern fällt es schwer, dem Vater bei der Haus- und Care-Arbeit Kompetenz zuzugestehen. Susanne Mierau weist allerdings darauf hin, wie grotesk es sei, einer Mutter erst zu suggerieren, sie sei die Expertin für das Kind, um sie dann mit dem Argument zu verhöhnen, sie könne nicht loslassen.[74] Würden wir von Anfang an verstehen, dass sich ein Vater genauso gut um sein Baby kümmern kann, würden wir die Mutter nicht dazu drängen, ihre Selbsterfüllung alleine in der Care-Arbeit zu suchen. Würden wir der Mütterlichkeit nicht so einen Einzigartigkeitsstatus zuweisen, hätten es Frauen leichter, ihr Kind in die Hände des Partners zu geben. Ich finde, damit hat sie vollkommen recht.

Weil mir manchmal das Vertrauen fehlt, schreibe ich Anton lange Listen oder rufe ihn von unterwegs an, um zu fragen, ob er mit den Kindern alles im Griff hat. Ist das nicht eigentlich sehr übergriffig von mir? Maternal Gatekeeping und der mütterliche Kontrollzwang drängt Männer in die Rolle des unfähigen Vaters, über den alle lachen, weil er nicht weiß, wie man Zöpfe flicht, wo die Feuchttücher sind und wie man Pfannkuchen backt. Besonders negativ ist ein Muttertags-Werbespot von Edeka aufgefallen, in dem sich Väter beim Kämmen der Töchter oder beim Backen extra dämlich angestellt haben, um damit die Unersetzlichkeit der Mutter zu beweisen. Diese sexistischen Stereotype der Werbeindustrie beeinflussen uns viel stärker, als wir meinen, und führen so dazu, dass wir weiterhin an das Märchen vom unfähigen Papa glauben. Dabei kann das doch gar nicht stimmen! Wer beruflich in der Lage ist, Termine einzuhalten, Unterlagen zusammenzutragen, pünktlich zu sein und Engagement zu zeigen, der kann diese Fähigkeiten genauso gut zu Hause einsetzen. Dazu braucht es die Bereitschaft der Männer, Verantwortung zu übernehmen, und den Willen der Mutter, loszulassen.

VÄTER-SPAGAT

Kinder wuchsen in der Vergangenheit oft mit Vätern auf, die den ganzen Tag berufstätig und für das Familieneinkommen verantwortlich waren, und Jungen sind sich selbst bei der späteren Berufswahl dieser möglichen Verantwortung bewusst. Aber es sind weitere Ansprüche dazugekommen. Von der heutigen Vätergeneration wird erwartet, verständnisvoll zu sein, so viel Zeit wie möglich mit den Kindern zu verbringen und die beruflichen Pläne der Partnerin zu unterstützen. Väter sollen Aufgaben im Haushalt übernehmen, sich um das Baby oder die Hausaufgaben der Schulkinder kümmern, durch ihr Vorbild erziehen und im Alltag der Familie präsent sein, wie eine aktuelle Umfrage zum Thema Familie beweist.[75] Das klingt modern und gerecht, aber gleichzeitig werden die Erwartungen in Sachen finanzieller Verantwortung nicht gemindert. Demnach finden 75 Prozent der Befragten, dass Männer für den Familienunterhalt sorgen sollen, und nicht einmal 40 Prozent finden es erforderlich, dass Väter wegen der Kinder beruflich kürzertreten. Wie Männer diesen Spagat zwischen Ernährer und präsentem Vater schaffen wollen, ist eine gute Frage. Deshalb stehen auch Väter heute unter enormem Druck, das bestätigt ein Bericht des Müttergenesungswerks.[76]

Wenn Frauen nach der Geburt ihres Kindes beruflich pausieren, versuchen manche Männer, das fehlende Einkommen mit längeren Arbeitszeiten aufzufangen, lautet die Erklärung der Studienergebnisse dafür, dass Väter sogar mehr arbeiten als Männer ohne Kinder. Er wird somit erfolgreicher im Job, aber inkompetenter mit den Kindern, und die klassischen Rollen verfestigen sich, heißt es in den Ergebnissen einer weiteren Studie des Bundesinstituts für Bevölkerungsforschung.[77] Daher nimmt so manches Drama seinen Lauf, wenn nach der Geburt eines Kindes die Mutter für die gesamte Care-Arbeit und die Familien-Organisation zuständig ist. Während im Jahr 2018 von den Vätern, die Elterngeld beantragten, im Schnitt 3,8 Monate Elternzeit geplant waren, blieben Mütter durchschnittlich 14,2 Monate zu Hause.[78] Außerdem verbringen viele Eltern diese Zeit dann oft gemeinsam und nutzen sie für einen Urlaub.

Selbst wenn Väter also Elternzeit nehmen, sind sie selten alleine mit Kind und Haushalt und können die Organisation im Alltag nicht üben. Dieser Unterschied liegt natürlich nicht nur am Unwillen, etwas daran zu ändern, sondern oft an den Hürden am Arbeitsplatz, mit denen sich viele Väter konfrontiert sehen, wenn sie um längere Elternzeit oder eine Reduzierung der Arbeitszeit bitten. Es kommt dann laut Anne-Marie Slaughter in manchen Fällen zu »Männlichkeitsmobbing«[79], denn wer auf Kinderbetreuung und Haushalt setzt statt auf Karriere und Geldverdienen, entspreche nicht dem gesellschaftlichen Bild von einem Mann. Väter sind also auch betroffen von den Stereotypen und der Auffassung, Kinderbetreuung sei eine weibliche Tätigkeit. Neben Lohneinbußen und Nachteilen für die berufliche Karriere[80] ist dies wohl ein weiterer Grund, wieso die Zahl der Väter, die in Elternzeit gehen, stagniert.

Wenn Väter an ihrer Situation etwas ändern möchten, müssen sie endlich tätig werden, findet Journalistin Teresa Bücker, die Männer auffordert, für einen besseren rechtlichen Rahmen, also Kündigungsschutz und eine Art Vaterschutz direkt nach der Geburt eines Kindes sowie mehr Flexibilität am Arbeitsplatz zu kämpfen, wenn sie den eigenen Druck verringern und die Partnerin entlasten wollen.[81] »Denn obwohl ein stärkeres Engagement von Männern in den Familien auch Frauen mehr Freiheit verschafft, muss die Emanzipation der Männer von starren Männlichkeitsbildern von ihnen selbst ausgehen.«[82]

MÄNNERROLLEN

Männer sind oft schlechter in emotionaler Arbeit, weil sie einfach nicht von ihnen erwartet wird, ist eine These, die Gemma Hartley aufstellt.[83] Jungen lernten eher, sich durchzusetzen, Macht zu erringen und Wert auf Leistung, Selbstständigkeit und Unabhängigkeit zu legen, sagt Psychotherapeutin Doris Wolf.[84] Sich nicht zu lange mit der eigenen Gefühlswelt auseinanderzusetzen ist ein typisches Merkmal von Männern. Vielen Männern wurde es als Jungen nicht zugestanden zu weinen. Damit mussten sie Gefühle unterdrücken und konnten weniger sensibel werden für sich und andere. »Halt die Ohren steif und beiß die Zähne zusammen«, ist eine typische Floskel, die sich manche Männer in ihrer Kindheit anhören mussten. »In Wahrheit wird hier mit jedem weiteren unbedachten Spruch eine männlich dominierte Abwehrhaltung verteidigt und kultiviert: Vernunft, Verstand, Theorie und Norm versus Gefühl, Intuition, Empfindung und Affekt«, schreibt Germanist Christoph May.[85]

Männer übernehmen zwar allgemein weniger Care-Arbeit und Familien-Organisation, profitieren aber davon, dass es ihre Partnerinnen tun. Ehemänner in heterosexuellen Beziehungen leben länger und gesünder, denn die Partnerinnen kümmern sich um deren Gesundheit und die sozialen Kontakte. Ehefrauen leben dagegen kürzer als unverheiratete Frauen, denn das Kümmern und Umsorgen kostet Zeit und Kraft.[86]

Auch mich kostet es in unserem Alltag Kraft und Nerven, unsere Kleinigkeiten zu organisieren. Auf Antons Fragen habe ich meist eine Antwort: »Hast du meinen Geldbeutel gesehen?«, »Wo haben wir eigentlich unseren Mietvertrag abgelegt?« und »Welche Schuhgröße hat Luise aktuell?« Wenn es jemanden gibt, der den Überblick behält, kann sich Anton »wichtigeren Dingen« widmen. Manche Männer sind es gewohnt, dass erst die Mutter und später die Ehefrau als gedankliches Back-up funktioniert, welcher Frauen dagegen fehlt, und ihre organisatorische Hilflosigkeit ist gewissermaßen erlernt. In der Generation meiner Eltern waren manche Männer nicht einmal in der Lage, grundlegende Dinge zu tun wie den eigenen Koffer zu packen, ein Spiegelei zu braten oder Freundschaften aufrechtzuerhalten – alles hat erst die Mutter, später die Ehefrau für sie getan. Was vielen Müttern als tägliche Pflicht gilt, fällt für manche Männer nicht in ihren Aufgabenbereich. Das sieht man auch daran, dass sie Windeln wechseln und die Kinder auf den Spielplatz begleiten als »Unterstützung« betrachten. »Komm, ich nehme dir mal die Kinder ab«, heißt es am Samstagvormittag. Dabei sollten die Betreuung und Fürsorge für die eigenen Kinder sowie Arbeit im Haushalt eine Selbstverständlichkeit und kein Akt der Großzügigkeit sein, findest du nicht auch?

Während mich mein Perfektionismus dazu bringt, noch abends um halb neun Wäsche zu falten, sitzt mein Mann entspannt auf dem Sofa und surft auf seinem Smartphone. Er kann sich freimachen von der Verantwortung für den Haushalt. Er ist nicht perfektionistisch, was Regeln, Uhrzeiten und Rituale angeht. Er lässt die Dinge auch mal schleifen, was selten schwerwiegende Konsequenzen nach sich zieht. Anton hat keine Erziehungsratgeber, Blogs und Diskussionen in Elternforen gelesen, die suggerierten, Kinder würden traumatisiert, wenn sie keine festen Strukturen hätten. Wir Mütter dagegen haben im Kopf, dass Kinder Rituale brauchen. Also halten wir uns pedantisch daran, während Väter oft weitaus unkritischer sind. Was Erziehungsratschläge angeht, trifft auch auf den Haushalt zu. »Da es normalerweise nicht Aufgabe der Männer ist, Hausarbeiten zu koordinieren, und weil ihre Identität nicht daran gebunden ist, schenken sie diesem ganzen Bereich von vornherein viel weniger Aufmerksamkeit«[87], schreibt Tiffany Dufu und bestätigt damit, dass dieses Verhalten nicht individuell, sondern kulturell bedingt ist. Ähnlich verhält es sich mit Care-Arbeit, die die Fürsorge für andere Menschen betrifft: sich um Geschenke kümmern, mit einem Dankeschön am Schuljahresende die Arbeit der Sporttrainer*innen und Hausmeister*innen ehren und den Kindern mit der Zahnfee oder dem Osterhasen das Leben zu verzaubern. Dass diese Dinge nicht in den Aufgabenbereich von Männern fallen, zeigt sich besonders in der Adventszeit, wenn der Mental Load von vielen Müttern auf die Spitze getrieben wird. Besonders schön hat das Heike Kleen in ihrem Text *Advent, Advent, die Mutter rennt* beschrieben. Ihr abschließender Rat lautet: Das, was Frauen in einer Partnerschaft helfe, den Alltagswahnsinn zu bestehen, sei eine gleichberechtigte Partnerschaft, in der sich der Mann nicht als Hilfsarbeiter und Mitgestalter sehe. Aber auch von den eigenen, oft überhöhten Vorstellungen abzuweichen, gehört zwangsläufig dazu. Die Vorweihnachtszeit könne hier als perfektes Übungsgelände dienen.[88] Bisher kümmern sich Mütter auch deshalb um den Adventskalender, weil sie genau wissen, über was sich die Kinder freuen. Wer selten zu Hause ist und weniger Care-Arbeit übernimmt, kennt viele ihrer Vorlieben nicht. Welche Sammelkarten hätte der Sohn so gerne, warum mag die Tochter nur die roten Zuckerschnüre? Aber auch: Welche Probleme gibt es in der Schule? Wieso herrscht gerade Streit mit der besten Freundin? Wer sich im Alltag engagiert, hat mehr Kontakt zur Gefühlswelt der Kinder. Der weiß, was sie aktuell bewegt, und kennt ihre Ängste und Abneigungen. Das Leibgericht der Kinder kochen, den Lieblings-Pullover aus dem Schrank holen, Spieletreffen mit Freund*innen organisieren – es gibt Väter, die all das niemals tun, aber persönlich davon profitieren würden. Denn es bedeutet, am Leben der Kinder teilzunehmen.

ZU BESUCH IM EIGENEN LEBEN

Um mehr über männliche Stereotype und die väterliche Gefühlswelt zu erfahren, habe ich mit Nils Pickert gesprochen. Der Autor, Journalist und vierfache Vater kümmert sich hauptverantwortlich um die Kinder, während seine Partnerin in Vollzeit berufstätig ist. Er selbst wurde »typisch männlich« sozialisiert und hat in seiner Kindheit im Gegensatz zu seiner Lebenskomplizin, wie er seine Partnerin nennt, nicht gelernt, für seine Gesundheit oder seine behördliche Existenz Verantwortung zu übernehmen. Deshalb eignete er es sich selbst an, trägt nun Sorge für sich und seine Familie und übernimmt mittlerweile einen Großteil der Care-Arbeit. Außerdem hält er Vorträge über die negativen Auswirkungen stereotypischer Geschlechterrollen, in denen Männer gefangen sind: »Sie müssen oft einem bestimmten Drehbuch folgen und Männlichkeitsidealen entsprechen, die unsere Gesellschaft vorgibt«, erzählt er. Er trifft viele Väter, die gerne eine aktivere Rolle im Leben ihrer Kinder spielen möchten, aber auf Unverständnis bei ihrem Arbeitgeber stoßen, wenn sie über die zwei Regelmonate hinaus Elternzeit nehmen wollen. Genauso erlebt er aber auch, dass sich Väter hinter diesen Barrieren verstecken.

»Sorge zu tragen ist ein Lernprozess, der sich für Männer lohnt, denn es bewirkt ein tiefes Gefühl von Befriedigung«, findet Nils Pickert. Er möchte seine Gefühle auf jeden Fall nicht mehr länger unterdrücken und als kompetenter, fähiger und liebevoller Vater wahrgenommen werden. »Ich habe oft den Eindruck, dass Männer in ihrem eigenen Leben nur zu Besuch sind«, sagt er im Interview und beschreibt damit ein Dilemma, das mit mangelnder Fürsorge für sich und andere einhergeht. Im Grunde genommen seien Jungen durchaus in der Lage, tief zu empfinden, sich Trost zu suchen, selbst zu trösten und weich zu sein. All das werde ihnen aber mit mehr oder weniger brutalen Mitteln ausgetrieben. Damit sie sich als Mann beweisen können, werden sie gefühlsmäßig beschnitten. Kein Wunder, dass sie später nicht willens oder in der Lage sind, Sorgearbeit zu leisten, dafür aber auf Krisen zusteuern, sich oft überfordern und Beziehungen nur bis zu einem bestimmten Punkt ausgestalten können. Der heteronormative Anspruch an Jungen ist übergroß, kritisiert der Journalist und Buchautor. »Wir leben in einer Gesellschaft, in der Kommunikation, Team- und Konfliktfähigkeit und ein achtsamer Umgang mit dem eigenen Körper wichtige Eigenschaften sind. Gleichzeitig werden diese Eigenschaften als unmännlich charakterisiert. Ist es da verwunderlich, dass junge Männer nicht mehr wissen, was nun eigentlich von ihnen erwartet wird?« Was also gibt es zu tun für Väter, habe ich Nils gefragt. Seine Antwort lautet: sich verletzlich zeigen und den eigenen Kindern damit signalisieren, dass männliche Gefühle in Ordnung sind. Väter sollten sich durch Engagement gegen die Aussage wehren, dass nur die Mutter die zentrale Betreuungsperson sein kann. Nils Pickert und seine Partnerin erleben oft, wie verstört ihr Umfeld auf ihre Familienkonstellation reagiert, und empfinden es als Beleidigung, dass man Nils nicht zutraut, für seine Kinder sorgen zu können. Die Menschen um ihn herum betrachten ihn in seiner Vaterrolle als Aushilfskraft und egal, wie sehr er sich bemüht, es reicht nicht!

ZUSAMMENFASSUNG

- *»Hättest du doch was gesagt, dann hätte ich dir geholfen.« Mit diesem Satz outet sich ein Partner mit seiner Einstellung, sich für die Care-Arbeit und die Familien-Organisation nicht verantwortlich zu fühlen.*

- *Mental Load ist die Last, die entsteht, wenn man sich verantwortlich fühlt, an alle familiären Angelegenheiten zu denken, die die Care-Arbeit und die Organisation betreffen, sie zu planen und dafür zu sorgen, dass sie erledigt werden.*

- *Frauen fühlen sich häufig auf Grund ihrer Sozialisierung, weiblicher Vorbilder und dem Muttermythos für die Sorge-, Kümmer- und Hausarbeit verantwortlich. Sie lernen von klein auf, ihre Gefühle zu regulieren und für andere Menschen Sorge zu tragen. Ein sauberes Zuhause und gut versorgte Kinder erachten sie als persönlichen Erfolg, weil die Gesellschaft ihnen diese Aufgabe zuordnet.*

- *Dass Frauen sich besser kümmern können, ist ein biologistischer Gedanke und wissenschaftlich nicht belegbar. Wir sind alle als menschliche Wesen dafür geeignet, für andere Sorge zu tragen. Dass Frauen für den Haushalt und die Sorgearbeit zuständig sind, ist ein künstliches Konstrukt, das sich durch die Industrialisierung und ein patriarchales Konzept entwickelt hat.*

- *Heute wird von Frauen erwartet, dass sie berufstätig sind und sich dennoch ausreichend um die Kinder kümmern. Auch an freien Tagen übernehmen sie mehr Care-Arbeit als Männer.*

- *Die hohe Erwartungshaltung der Gesellschaft löst viel Druck bei modernen Frauen aus, und die äußeren Ansprüche nicht zu übernehmen, fällt vielen Frauen schwer. Sie leiden unter einem dauerhaft schlechten Gewissen und versuchen mit perfektionistischen Erwartungen an sich selbst, diesen gerecht zu werden. Aus Angst vor noch mehr Machtverlust geben sie ungern die Kontrolle über Haushalt oder Kinderbetreuung ab (Maternal Gatekeeping).*

- *Das Märchen vom unfähigen Vater sorgt dafür, dass Frauen und Männer wenig Vertrauen in die männliche Sorgearbeit haben. Männer stehen unter Druck, weil sie noch immer als Ernährer der Familie für das Geld sorgen müssen. Hürden am Arbeitsplatz und die eigene Sozialisierung machen es ihnen schwer, mehr Care-Arbeit zu übernehmen, und viele ruhen sich darauf aus, dass Frauen die Verantwortung tragen.*

DIE FOLGEN VON MENTAL LOAD

ERSCHÖPFUNG UND BURN-OUT

An manchen Tagen, an denen ich von morgens bis abends damit beschäftigt war, neben meinem Beruf auch einen großen Teil der Care-Arbeit zu stemmen, hätte ich mich am liebsten vor Erschöpfung einfach nur heulend auf den Boden gesetzt. Mit Mantras wie »mach eines nach dem anderen« rappelte ich mich auf. Manchmal kam Panik dazu. Würde dieser Wahnsinn für immer so weitergehen? Ich fühlte mich gehetzt und dachte am Wochenende an den nahenden Montag, vor dem Urlaub an die Packliste und während der Ferien an die Termine danach. So entwickelte sich manchmal das Gefühl, im Alltag zu ertrinken. Wieso war es ein Privileg der Väter, völlig abschalten zu können? Hatte ich nicht auch ein Recht auf Pausen, auf Auszeiten vom Kümmern, auf Zeit für mich, meine Hobbys und meinen Beruf? Tagsüber grübelte ich darüber, ob ich für die Mutterrolle einfach nicht gemacht war. Meine Familie litt unter meinen Launen, ich war gereizt und gestresst, wollte einfach nur mal wieder alleine sein und fühlte mich gleichzeitig schuldig. Ich sah mich beruflich und privat scheitern und fühlte mich wie in einer Zwangsjacke. Wer meint, an seiner Situation nichts ändern zu können, spürt Hilflosigkeit, die ein Maximum an Stress auslöst.[89] Kommen dir solche Gedanken auch bekannt vor? This is a mother's world!

Wenn Prägung und Identität aufeinandertreffen, kann ein innerer Konflikt entstehen, schreibt Dr. Mirriam Prieß in ihrem Buch *Burn-out kommt nicht nur von Stress.*[90] Das erklärt, was wir erleben, wenn wir versuchen, dem Mutterbild zu entsprechen und das Prinzip zu übernehmen, nach dem die meisten Frauen leben, sobald sie Kinder bekommen. Mich erschöpfte diese Rolle, aber ich kam nicht aus meiner verfahrenen Situation heraus, weil ich Angst hatte, als schlechte Mutter zu gelten, wenn ich zugab, dass mich die Familien-Organisation und die Care-Arbeit anstrengten. Dabei sind du und ich mit unserer Überforderung nicht allein. US-amerikanische Forscherinnen fanden bei einer Befragung heraus, dass sich 88 Prozent der Mütter wegen ihrer alleinigen Verantwortung für die Familien-Organisation leer und antriebslos fühlen und unzufrieden mit ihrem Leben sind.[91] 87 Prozent aller Frauen, die an einer Kurmaßnahme teilnehmen, leiden an Erschöpfungssymptomen bis hin zum Burn-out. Grund dafür ist meist eine hohe psychosoziale Belastung durch Haus- und Familienarbeit, heißt es in einem Bericht des Müttergenesungswerks.[92] Das mentale Wohlbefinden von Frauen verschlechtert sich erheblich in den ersten sieben Jahren nach der Geburt eines Kindes,[93] und der Gesundheitsreport einer Krankenkasse von 2017 bestätigt, dass die Übernahme von Familienverantwortung ein besonders hohes Gesundheitsrisiko birgt.

»Erschöpfung entsteht, wenn wir in Emotionen stecken bleiben«[94], schreiben Emily und Amelia Nagoski in ihrem Buch *Stress.* Elternsein ist erschöpfend, das ist uns allen klar, aber in unserem System brennen vor allem die Mütter darüber aus. Sie fühlen sich häufig auch deshalb so hilflos, weil sie glauben, keine Wahl zu haben. Sie sind gefangen im Gefühl, sich ständig kümmern zu müssen. »Wenn wir es darauf angelegt hätten, ein System zu entwickeln, um bei der Hälfte der Bevölkerung Burnout hervorzurufen, hätten wir nichts Effizienteres erfinden können«, schreiben die Psychologinnen.[95]

Durch die extreme mentale Belastung fühlte ich mich, als hätte ich mich selbst verloren. Wer war ich eigentlich außer die Mutter meiner Kinder? Gab es die alte Laura überhaupt noch? Logisch, auch Anton war zeitweise völlig fertig, wenn die Nächte kurz und die Kinder ständig krank waren. Er hatte aber die Abwechslung in seinem Job und konnte sich entspannen, wenn er sich mal eine Auszeit nahm. Seine Gedanken kreisten eben nicht am laufenden Band um die Familie und die Arbeit zu Hause. Ich wurde dagegen auch für andere langsam unsichtbar. Der Kontakt zu alten Kolleg*innen riss ab, meine Freundinnen traf ich selten, und abends war ich zu müde, um auszugehen. Meine Identität beruhte nur noch auf Rollen, die sich durch die Beziehung zu anderen definierten: Ehefrau, Mutter und Tochter. Mich als eigenständige Person gab es nicht mehr. Für mich war kein Raum mehr vorhanden.

”

Vera schreibt mir auf Instagram:

Mich macht das echt fertig. Ich habe ständig das Gefühl zu versagen. Haushalt ist das komplette Chaos, Kinder meckern, weil ich wieder irgendwas vergessen habe, der Mann kommt viel zu kurz und ich will mich eigentlich nur in eine Höhle verziehen und schlafen …

Kinder zu bekommen bedeutet, sich um sie zu kümmern. Es sind aber nicht nur die Hausarbeit und die Kinderbetreuung, die zu schaffen machen, sondern die mentale Belastung, die mit der Hauptverantwortung für die Familien-Organisation zusammenhängt. Eines hätte mir sicher geholfen: mein Gehirn auf Autopilot zu schalten und die Aufgaben einfach nur ausführen zu müssen. Denn wenn das Gehirn laufend mit Familien-Organisation beschäftigt ist, bleibt kaum Raum, um zu erkennen, was man aktuell braucht. Mental Load macht es vielen Frauen schwer, einen Ausweg zu finden, sich Zeit für sich zu nehmen und Pläne für die Zukunft zu schmieden. Ganz egal ob es darum geht, sich wieder seinem Beruf zu widmen oder sich neben der Kindererziehung um sich selbst zu kümmern – all das bleibt auf der Strecke und kann dann zu schwerer psychischer Belastung führen. Ich selber bin dank der Unterstützung meiner Familie und der meines Mannes an einer Depression vorbeigeschrammt. Wie vielen Frauen gelingt das nicht, weil sie keine Unterstützung haben oder sogar alleinerziehend sind, was laut Statistischem Bundesamt übrigens auf jede fünfte deutsche Familie zutrifft. Dass Stress und Überforderung krank machen, zeigt sich beispielsweise auch bei Moderatorin Lisa Ortgies, die mit 52 Jahren einen Herzinfarkt erlitt. Sie forschte nach den Gründen und fand heraus, dass nicht nur der Vereinbarkeitswahnsinn von Beruf und Familie für ihre Situation verantwortlich war, sondern auch ihr Wille zu funktionieren. Sie habe sich kaum noch gespürt, sei über ihre Bedürfnisse hinweggegangen, und das auch ausgelöst durch gesellschaftliche Vorgaben, falsche Ideale und Machbarkeit als Mantra. »Diese Rolle, dieses Verantwortungsgefühl, übersteigt die Kräfte vieler Frauen – dafür bezahlen sie mit ihrer Gesundheit«, sagt Lisa Ortgies in einem Interview in der Zeitschrift *Flow*.[96]

KONFLIKTE IN DER BEZIEHUNG

Du kennst das sicher auch! In den letzten Jahren war ich oft wütend auf meinen Mann, weil er morgens aus dem Haus ging und den Haushalt und das Chaos hinter sich lassen konnte. Wenn er abends aus dem Büro kam, türmte ich gedanklich einen Berg an Dingen auf, die ich erledigt hatte und von denen er nicht mal wusste, dass sie existierten. Am liebsten hätte ich ihm meinen Frust sofort an den Kopf geworfen, wusste aber, dass das keinen Sinn machen würde. Zu umfangreich und zu kompliziert war das Problem, das ich selbst nicht richtig verstand. Meine Aggression traf ihn dennoch, wenn auch er müde und erschöpft war, und jedes Mal dann, wenn er es sich abends oder am Wochenende gemütlich machte. Böse Blicke, vorwurfsvolles Töpfe-Klappern oder ein gezischtes »so gut möchte ich es auch mal haben«, mein Repertoire an subtilen Vorwürfen war groß.

Wir alle brauchen Bestärkung, Dank und Anerkennung für das, was wir täglich tun. Anton und ich entsprachen den gesellschaftlichen Rollenbildern und erledigten die Arbeit, die von uns erwartet wurde. Er verdiente den Großteil des Familienunterhalts, ich kümmerte mich um die Kinder und den Haushalt und baute mir nebenher meine Selbstständigkeit auf, um beruflich wieder Fuß zu fassen. Bei all der Arbeit übersahen wir die Mühe des anderen, waren gefangen in unseren Rollen und verloren das Gefühl, ein Team zu sein.

Die negativen Gefühle gegenüber ihrem Mann kennt auch Tiffany Dufu:

> *Doch nach Kofis Geburt begannen sich gänzlich unbekannte Gefühle in die Beziehung zu meinem Ehemann zu schleichen. Offen gestanden war ich ziemlich oft ziemlich angefressen. Nach außen schwärmte ich davon, was für ein wunderbarer Ehemann und Vater Kojo doch sei, aber insgeheim war ich stinksauer auf ihn und hätte nicht einmal genau sagen können, weshalb.*[97]

Die mangelnde Wertschätzung und der Groll aufeinander beginnen auf diese Weise, die Beziehung zueinander zu untergraben. Das Verständnis füreinander geht verloren, wenn die mentale Last nicht deutlich wird oder unerklärbar bleibt. Wir haben endlose Diskussionen darüber geführt, ohne an den Kern des Problems zu kommen. Ich warf meinem Mann beispielsweise vor, sich nicht ausreichend um den anstehenden Kindergeburtstag gekümmert zu haben. Er entgegnete, ich hätte ihm davon nichts gesagt. Ich litt darunter, dass er nicht sah, was ich alles tat, und Anton verstand nicht, wieso ich unzufrieden mit ihm war, weil er mich doch unterstützte, so gut es ging. Ein Streit entzündete sich zum Beispiel darüber, dass ich keine Lust hatte, am Wochenende Freunde oder Familienangehörige einzuladen, denn ich ahnte, was das an Aufwand bedeutete. Wenn ich nur daran dachte, zusätzlich zu meiner eigenen Familie auch noch Gastgeberin spielen und mich um weitere Menschen kümmern zu müssen, wurde mir ganz schlecht. Anton, der sehr gastfreundlich ist, ärgerte sich über meine Ablehnung.

Wir hatten verschiedene Rollen zu spielen, die wir aber nicht voneinander trennten. Mit der Geburt der Kinder waren wir Eltern geworden, und unser gemeinsames Interesse bestand darin, dass es den Dreien gut ging. Neben diesem Eltern-Job waren wir aber außerdem das Vorstandsteam unseres Familienunternehmens, und in dieser Beziehung hatten wir keine gerechte Aufteilung unserer

Arbeit gefunden. Als Liebespaar und als Eltern waren wir gut, aber als Partner in Sachen Familien-Organisation scheiterten wir täglich. Wir hatten unsere Vorstandsaufgaben einfach übernommen, ohne darüber zu sprechen, wie es für uns persönlich am besten gewesen wäre. Nun war ich der Meinung, dass die Aufteilung ungerecht war und Anton es viel leichter hatte als ich.

In einer Studie heißt es, dass Beziehungen, in denen die Frau zufrieden ist, insgesamt glücklicher sind.[98] Ich vermute, das liegt daran, dass Frauen durch die aktive Gefühlsarbeit, die sie betreiben, großen Einfluss auf die Stimmung in der Beziehung haben. Sind sie selbst glücklich und zufrieden und machen sie ihre Arbeit gerne, überträgt sich das auf den Partner und die ganze Familie. Der ungerecht verteilte Mental Load und die anstrengende Gefühlsarbeit haben also massive Auswirkungen auf die Beziehung und die Stimmung untereinander. Dass der Alltag die Beziehung auf diese Weise gefährden kann, erklärt Paartherapeutin Anke Birnbaum: »Der hoch getaktete Alltag bringt Paare an ihre Grenzen, und gestresste Menschen haben weniger Empathie für andere und auch weniger Motivation, einander zuzuhören.«[99] Bei großen Stressoren wie Krankheit oder Arbeitslosigkeit zeigten Freunde und Familie Mitgefühl, bei all dem Mikrostress, der bei der Care-Arbeit entsteht, gibt es kaum Mitleid. »So ist es halt mit Kindern«, heißt es dann. Damit muss die Frau eben klarkommen.

Ich habe lange all den Stress und die Wut in mich hineingefressen und mit Rückzug auf die Vorstellung reagiert, dass mein Partner mein Problem nicht versteht. So entstand natürlich noch mehr Spannung. Anton gab sich Mühe, mich zu entlasten, und meinte, ich sei nur vorübergehend gestresst, weil ich beruflich viel zu tun oder ein Kind aktuell eine Trotzphase hatte. Manche Paare geraten so in eine Art Eskalationsspirale, sagt Birnbaum, denn konstruktive Gespräche werden immer schwieriger, je mehr sich angestaute Wut anhäuft. Wenn dann auch noch die Zeit und Lust fehlt für Zärtlichkeit und Intimität, bedrohe das die Exklusivität der Paarbeziehung.[100]

Noch ein weiterer Aspekt schadete unseren Gefühlen füreinander: Mein voller Kopf mit den endlosen To-do-Listen machte es mir an manchen Abenden unmöglich, Entspannung zu finden und mich unserem Liebesleben zu widmen. Wenn mein Mann abends die Kinder ins Bett gebracht hatte, freute er sich auf den Feierabend. Ich dagegen hatte dann noch zu tun: den Mathetest meines Sohnes unterschreiben, Mails von der Oma beantworten, das Kinderturnen kündigen, Kinderkleider für morgen rauslegen und aufschreiben, dass wir noch Brot kaufen mussten. Das war der Grund, warum ich manchmal so genervt war von Antons Avancen. Manchmal kamen sie mir vor wie eine weitere Aufgabe, die ich zu bewerkstelligen hatte. Nur mit einem einigermaßen freien Kopf kommt die Lust, denn sie entsteht im Gehirn und wird im vegetativen Nervensystem über eine Gas- und Bremsanlage reguliert. Stress kann zur Vollbremsung der Lust führen, erklärt Psychologin Sandra Konrad.[101] Dass diese Unausgeglichenheit ein Nährboden für Konflikte und unterschwellige Aggressionen ist, verwundert nicht. Wenn Frauen gleichberechtigter leben, haben sie mehr Sex, das fand US-Professorin Kristen Ghodsee heraus, als sie das Sexualleben von Frauen in kapitalistischen Systemen mit dem im Sozialismus verglich.[102] Weil Frauen im sozialistischen System wie dem der DDR finanziell unabhängiger waren und durch eine progressive Familienpolitik stärker unterstützt wurden, fühlten sie sich weniger machtlos und hatten folglich mehr Lust auf Sex. Im Kapitalismus hingegen, so auch in der BRD, galt die Ehe jahrzehntelang als eine Art Transaktion, in der der Mann über das Geld und damit über Macht verfügte und die Frau im Gegenzug die unbezahlte Arbeit übernahm. Durch diese Abhängigkeit fühlten sich die Frauen körperlich und sexuell fremdbestimmt. Sex war Teil des Ehe-Deals und Vergewaltigung in der Ehe bis 1997 nicht strafbar.[103] Auch in der DDR stand lediglich die Nötigung zu bestimmten sexuellen Handlungen unter Strafe. In vielen Fällen wurden die Ehepartner juristisch dennoch nicht belangt.[104] Diese Umstände haben sich zum

Glück geändert, aber die Machtverhältnisse sind teilweise dieselben geblieben.

LF: *Was hat es für Auswirkungen auf eine Paarbeziehung, wenn Vorwürfe im Raum stehen, die nicht oder nicht richtig besprochen werden (»Du kümmerst dich nie!«, »Alles muss ich hier alleine machen …«, »Du meckerst immer an mir herum.«)?*

Dr. Mirriam Prieß: *Das Unausgesprochene wirkt um so vieles stärker als das Ausgesprochene. Die meisten werden den Ausdruck kennen »there is an elephant in the room«. Dies kann sowohl die Beziehung wie auch die Partner richtiggehend lähmen und verschärft den Konflikt. Offenheit ist Grundlage für ein gelingendes Miteinander. Offen auf Augenhöhe anzusprechen was ist, ohne Vorwurf oder Anklage, sondern in der Suche nach einem gemeinsamen Wir in dieser Situation. Dem anderen mit Interesse zu begegnen, sich in ihn einzufühlen und mit ihm mitzufühlen – alles auf der Grundlage von Wertschätzung/Respekt und Liebe. Dies macht den Dialog aus und schafft die notwendige Atmosphäre für Begegnung gerade dort, wo es schwierig ist. Wenn wir die Partnerin/den Partner nicht als Gegner sehen, sondern als andere Hälfte des Wir, als Verbündeten, und bereit sind, uns in sie/ihn einzufühlen, dann schaffen wir gemeinsam die Atmosphäre für Klärung.*

HÜRDEN IM BERUF

VOLLE KONZENTRATION

Frauen, die für die gesamte Familien-Organisation zuständig sind, können schlecht abschalten. Bei mir zeigte sich das darin, dass ich während meiner Arbeitszeit mit den Gedanken bei meiner Familie war. Noch gravierender waren die Auswirkungen, als mein Arbeitsvertrag in der Elternzeit auslief und ich mich selbstständig machte. Fortan arbeitete ich von zu Hause aus, wo ich die Haushaltsaufgaben immer im Blick hatte. Anstatt mich für fünf Minuten auf den Balkon zu setzen und eine Pause zu machen, faltete ich eine Ladung Wäsche. Ich nahm während meiner Arbeitszeit Pakete an, beantwortete private Mails oder kümmerte mich um Familienschreibkram. Homeoffice und Gleitzeit sorgen dafür, dass Frauen eine Stunde mehr arbeiten als Frauen, die täglich das Haus verlassen. Zusätzlich investieren sie drei Stunden mehr in die Betreuung der Kinder.[105] Auch Väter machen zwei Überstunden extra, wenn sie im flexiblen Homeoffice arbeiten, aber sie kümmern sich nicht länger um die Kinder, sondern sogar eher weniger als Väter mit festen Arbeitszeiten, wie eine Studie zeigt. Dass sich Männer eher auf ihre Arbeit fokussieren und den Haushalt ausblenden,[106] kann ich bestätigen. Meine beruflichen Aufgaben hatten für mich keine Priorität gegenüber den privaten, und genau das war für Anton anders. Wenn er im Büro war, konzentrierte er sich auf den Job. Unsere unterschiedliche Herangehensweise an die Doppelverantwortung aus Familie und Beruf zeigte sich ein paar Jahre später. Mein Mann bekam die Möglichkeit, einen Tag die Woche im Homeoffice zu arbeiten. Erst freute ich mich über die »Entlastung«, die sich aber schnell als Farce herausstellte. Denn noch immer war ich es, die alles auf dem Radar hatte, was es in der Familie zu regeln und zu organisieren galt.

Deep Work, also die volle Konzentration auf eine Sache, ist die Voraussetzung, um mithilfe der eigenen Denkkraft die besten Ergebnisse zu erzielen. Diesen Zustand erreicht man nur durch Fokussierung. Ich habe auch bei der Arbeit am PC meine Sinne auf Empfang. Richtig dichtmachen, die Ohren einklappen und mich für alle anderen tot stellen geht seit der Geburt der Kinder nicht mehr. Situationen, in denen das Baby vor Hunger weinte oder sich das Kind im Kindergarten den Zahn ausbrach, haben sich in mein Unterbewusstsein gebrannt. Deshalb fühle ich mich abrufbereit. Nach einem halben Arbeitstag, an dem ich nebenher Telefonanrufe entgegengenommen, WhatsApp-Nachrichten beantwortet und das Mittagessen geplant habe, brummt mein Schädel und ich bin gereizt wie eine Stechmücke. Hier zeigt sich, wie sich Mental Load auf die Arbeitswelt auswirkt. Sich kümmern zu müssen lenkt ab und verhindert zielgerichtetes Arbeiten mit hoher Konzentration. »Geistige Freiheit in Form von Raum und Zeit für eine Fokussierung sollte nicht den arbeitenden Männern/Vätern/Ehemännern vorbehalten sein«, schreibt Eve Rodsky,[107] und sie hat recht: Wir müssen dringend etwas ändern, damit auch Mütter die Chance bekommen, sich zeitweise in vollem Umfang auf ihren Beruf konzentrieren zu können, mit dem Wissen, dass jemand anderes die Verantwortung übernimmt und sie einfach mal loslassen dürfen.

TEILZEIT

Frauen in Deutschland ist ihre Berufstätigkeit mittlerweile wichtig, und deshalb wollen 96 Prozent der Mütter in Deutschland nicht komplett auf ihren Job verzichten.[108] 70 Prozent der Mütter in Deutschland sind berufstätig, allerdings davon rund 39 Prozent in Teilzeit. Ihre durchschnittliche Wochenarbeitszeit von knapp 20 Stunden ist damit relativ kurz. Gleichzeitig übernehmen Frauen fast zwei Drittel der Care-Arbeit, bestätigt eine OECD-Studie.[109] Je weniger Frauen berufstätig sind, desto mehr arbeiten sie zu Hause.

Wer einen Großteil der Familien-Organisation bewältigt und den Kopf damit voll hat, dem fehlt die Zeit für seinen Beruf. Mir selbst war das Ausmaß meines Mental Load auf meine eigene Berufstätigkeit nicht bewusst. Dass ich nach der Elternzeit halbtags in den Beruf einstieg, bedeutete auch, ich würde keine Zeit für eine inspirierende Mittagspause, für ein Essen mit Kolleg*innen oder für Fortbildungen haben. Mein Handy lag auf meinem Schreibtisch, um im Notfall für den Kindergarten erreichbar zu sein. War ein Kind krank, übernahm ich die Pflege und die Arzttermine, hatte der Kindergarten zu, nahm ich mir frei. Für Anton und mich war meine Berufstätigkeit weniger wichtig als seine, denn sein Gehalt finanzierte unserer Ansicht nach die Familie. Aber indem wir meine Karriere für die meines Mannes opferten, gingen wir ein hohes Risiko ein. Nicht nur, dass mein Selbstbewusstsein darunter litt. Was wäre, wenn Anton seinen Job verlieren oder krank werden würde? Außerdem könnte auch uns das Undenkbare passieren, was für 40 Prozent aller verheirateten Paare traurige Realität ist. Würden wir uns trennen, wäre ich nicht in der Lage, ein eigenes Leben zu finanzieren.

Mittlerweile bin ich der Meinung, dass es fahrlässig ist, einen Teilzeitjob nicht ernst zu nehmen. Aber genau das geschieht überall dort, wo Frauen in Teilzeit arbeiten, nebenher noch die Betreuung der Kinder in Krankheitsfällen übernehmen, den Mental Load schultern und von Weiterbildung und wichtigen Meetings ausgeschlossen sind. »Wer seine Arbeitszeit reduziert, hat keinen beruflichen Ehrgeiz«, das ist wohl eines der größten Missverständnisse der deutschen Arbeitswelt. Aber es liegt auch an uns, zeitreduzierte Arbeitsplätze wertzuschätzen.

FINANZIELLE SCHWIERIGKEITEN

Mental Load und die damit in Verbindung stehende berufliche Einschränkung hat für mich wie für viele andere Frauen finanzielle Folgen. Weil ich keine großen beruflichen Schritte machen konnte, blieb mein Einkommen gering, und mein Rentenbescheid führte mir das Drama vor Augen. Trennte sich Anton irgendwann mal von mir (oder ich mich von ihm), würde ich neben der psychischen Belastung auch ein großes finanzielles Problem verschmerzen müssen. Denn außer dem Zugewinnausgleich, der nur etwas abwirft, wenn die Familie in der Zeit der Ehe ein gewisses Vermögen anhäuft, bleiben mir ein leeres Rentenkonto, ein löchriger Lebenslauf und berufliche Möglichkeiten, die im Gegensatz zu denen von Anton lächerlich sind. All meine Mühen, die ich für die Kinder, den Haushalt und die Bewältigung der mentalen Last aufgebracht hätte, wären keinen Cent wert. Als Alleinerziehende stünde ich vor besonders großen Herausforderungen und hätte vor allem ein enorm hohes Armutsrisiko zu schultern. »Alleinerziehende haben überdurchschnittlich häufig wenig Geld. Viele von ihnen können unerwartete Ausgaben von etwa tausend Euro nicht stemmen«, schreibt der *Tagesspiegel*.[110] Alleinerziehende, darunter versteht man Elternteile, die ganz oder vorrangig ihre Kinder erziehen, sind in Deutschland zu 85 Prozent Frauen.[111] Eine Mutter, die mit drei Kindern auf der Suche nach einem festen Job in Vollzeit ist, um die Familie zu ernähren, kann sich auf eine Durststrecke gefasst machen. »Selbst bei Fachkräftemangel und hoher Qualifikation: Bewerbungen von

Müttern bleiben meist unberücksichtigt«, heißt es in der *Süddeutschen Zeitung*.[112] Wer Mutter wird, zahlt die »Motherhood Wage Penalty«, also eine Strafe in Form von mutterschaftsbedingten Lohneinbußen. Somit ist Mutterschaft ein wesentlicher Grund für den Gender Pay Gap und macht deutlich, dass Arbeitgeber*innen Frauen die Familiengründung als Ausdruck fehlender Karriereorientierung ankreiden.[113]

Kannst du noch ein paar harte Fakten vertragen? 42 Prozent aller Männer zwischen 30 und 50 Jahren haben ein monatliches Nettoeinkommen von über 2.000 Euro, aber nur 10 Prozent der Frauen.[114] Die große Ungleichheit liegt zum einen daran, dass Frauen oft schlechter bezahlte Berufe wählen oder im selben Beruf weniger Geld verdienen als Männer (Equal Pay Gap), zum anderen lässt es sich aber auch darauf zurückführen, dass Frauen weltweit die unbezahlte Arbeit machen, ohne die jedoch auch kein müder Cent verdient werden könnte. In einer Studie von Oxfam heißt es dazu: »Sie verdienen im Durchschnitt weniger, haben weniger Vermögen und sind häufiger von Armut betroffen. Und ein wesentlicher Grund dafür ist, dass Frauen häufig unbezahlte Pflege- und Fürsorgearbeit leisten, sich um Angehörige und Kinder kümmern.«[115] Stell dir das mal vor: Würden wir allen Frauen auf der Welt den Mindestlohn für all diese Arbeit zahlen, dann kostete uns das im Jahr elf Billionen Dollar. Deutschland steht in Sachen Ungleichheit mit einem der größten Gender Pay Gaps übrigens besonders schlecht da.[116]

VERWEHRTE FÜHRUNG

Diverse Führungsteams arbeiten nachweislich effizienter und besser, bestätigt die Unternehmensberatung McKinsey.[117] Teams, in denen Männer und Frauen gleichermaßen vertreten sind, bringen eindeutig bessere Ergebnisse, weil sie aufgrund ihrer unterschiedlichen Erfahrungen und Kenntnisse verschiedene Ansätze für Problemlösungen haben. So gibt es eine eindeutige Verbindung zwischen diverser Geschäftsführung und finanziellem Erfolg.[118] Wir brauchen Frauen in der Unternehmensführung, aber vor allem auch, um die Machtstrukturen zu verändern, fordert Co-Facebook-Geschäftsführerin Sheryl Sandberg in ihrem Buch *Lean in*:

> *Wenn mehr Frauen die Herausforderung annehmen und sich reinhängen, werden wir die Machtstrukturen dieser Welt verändern und allen mehr Chancen bieten können. Mehr weibliche Führung wird zu einem faireren Umgang mit allen Frauen führen. Geteilte Erfahrungen sind die Grundlage von Empathie, und sie können notwendige institutionelle Veränderungen in Gang setzen.*[119]

Aber während sich Mütter mit der Familien-Organisation überlastet fühlen, verhandeln Männer die Voraussetzungen für den Chefposten und stellen weiterhin ihresgleichen ein. Bis heute sind diese tradierten Denkweisen in den Köpfen vieler männlicher Entscheider verankert, sagt Manuela Rousseau, erste deutsche Frau im Aufsichtsrat eines DAX-Konzerns.[120] Große Lohnunterschiede sowie die patriarchal verkrusteten Strukturen in Wirtschaft, Politik und Wissenschaft stehen dieser Forderung im Weg, und auch Mental Load ist ein weiterer Grund, dass es zu wenig Frauen in Führungspositionen gibt.

Wer genau weiß, dass Care-Arbeit und Familien-Organisation auf ihn zurückfallen, wird seine Stundenzahl nicht aufstocken wollen oder Bedenken haben, eine verantwortungsvollere Position im Job zu übernehmen. Teilzeit ist schwierig genug. Dass Mental Load auch beruflich ein Problem für Frauen ist, bestätigte eine Studie der Unternehmensberatung Boston Consulting Group. Bei einer Umfrage unter 6.500 Mitarbeiterinnen in 14 Industrieländern, die in einer heterosexuellen Beziehung leben und in der beide Partner arbeiten gehen, wurde gefragt, wieso es vielen Frauen nicht gelinge, einen

Führungsposten zu übernehmen. Die Antwort lautete einstimmig, dass es an der Kombination von Berufstätigkeit und dem »Zweitjob« liege – der ununterbrochenen Verantwortung für Haushalt und Familienpflege.[121] Frauen erledigten zu Hause mehrheitlich zeitkritische und häufig vorkommende Aufgaben. Beispielsweise müssten sie jeden Tag pünktlich die Arbeit verlassen, um sicherzustellen, dass das Abendessen auf dem Tisch stehe und die Familie versorgt sei. Frauen neigten dazu, die Hauptverantwortung für diesen »Alltagstrott« zu übernehmen, heißt es in der Studie. Männer dagegen übernehmen eher zeitunkritische Tätigkeiten, die sich nicht so oft wiederholen, wie Gartenarbeit oder finanzielle Aufgaben. Dadurch haben sie mehr Zeit für Ruhepausen, Überstunden, Geschäftsreisen oder um einen Netzwerk-Drink mit dem Kollegen zu nehmen. »Während die meisten Männer bis zu einem gewissen Grad die Hausarbeit erledigen, fällt die psychische Belastung – die Aufgabe der Orchestrierung und des Projektmanagements – immer noch überproportional auf Frauen«.[122] Selbst wenn Frauen eine Vollzeitstelle und den Willen haben, beruflich vorwärtszukommen, konkurrieren sie in der Wirtschaft mit Männern, die sich ganz auf den Beruf konzentrieren können.

Wer Karriere machen möchte, braucht zwangsläufig einen Partner oder eine Partnerin, der/die zu Hause die Organisation übernimmt und die Care-Arbeit macht. Dazu sind bisher viel zu wenige Männer bereit, und so wundert es nicht, dass es in der Wirtschaft an Frauen mangelt, die Führungsposten übernehmen wollen und können.

GLEICH-BERECHTIGUNG

Seit Jahrhunderten kämpfen Frauen für gleiche Rechte, aber das patriarchale System bewirkt, dass sich der Kampf hinzieht. Zu Beginn des letzten Jahrhunderts ging es um das Wahlrecht und mehr Teilhabe am öffentlichen Leben. 1918 erhielten Frauen endlich die Erlaubnis, wählen zu gehen. Bis dahin argumentierten Psychologen, Mediziner und Kirchenvertreter, dass Frauen zu emotional seien für Politik und Mutterschaft eher ihrer Natur entspreche.[123] Jedoch bedeutete das Wahlrecht für Frauen noch lange keine Selbstbestimmung. Bis 1977 waren Frauen auf die Unterschrift ihres Ehemannes angewiesen, um berufstätig sein zu dürfen, und bis heute werden Frauen in unserer Gesellschaft benachteiligt. Statt uns gegen die Strukturen und gegen die mentale Belastung, die damit einhergeht, zu wehren, versuchen wir weiterhin verzweifelt, Beruf und Familie zu vereinbaren und dem Bild der Supermutter zu entsprechen, denn wir kennen es nicht anders.

Auch von der Regierung mangelt es an Unterstützung. Die deutsche Politik setzt bei dem Mangel an Betreuungsplätzen weiterhin auf präsente Mütter, um den Kindern bei den Hausaufgaben zu helfen oder sie zum Musikunterricht zu inspirieren. Alle Kinder, deren Eltern eine sinnvolle Nachmittagsbetreuung mit Unterstützung beim Lernen, Bücherei-Besuchen oder der Fahrt zum Ballettunterricht nicht leisten können oder wollen, sind abgehängt. Ganztagsschulen mit hochwertiger Nachmittagsbetreuung durch gut ausgebildete und entsprechend bezahlte Pädagog*innen und der Eingliederung von Musikschulen und Sportvereinen wären eine viel verträglichere Lösung für die Familien aller gesellschaftlicher Schichten. Aber das würde den Staat natürlich viel Geld kosten.

Widersprüchlich ist auch die Familienpolitik, die sich zwischen Tradition und Moderne nicht entscheiden kann, wie es in der *Süddeutschen Zeitung* heißt.[124] Eine Frau soll berufstätig und unabhängig sein, solange sie keine Kinder hat. Danach ist es ihre Aufgabe, sich um die Familie zu kümmern. Ihre unbezahlte Arbeit mindert ihre staatliche Rente, und im Falle einer Scheidung muss sie wieder für sich allein sorgen. Das klappt aber nicht besonders gut, wie die Statistik zeigt. Alleinerziehende und ihre Kinder sind heute armutsgefährdeter als noch vor zehn Jahren, und mehr als 40 Prozent der alleinerziehenden Mütter beziehen Sozialhilfe.[125]

SOZIALE UNGERECHTIGKEIT

Soziale Ungerechtigkeit ist keine unmittelbare Folge von Mental Load, aber sie hängt eng mit der mentalen Belastung zusammen. Diese entsteht nämlich vor allem dann, wenn Menschen sich um andere Menschen kümmern, denn anders als die Arbeit am Computer oder an der Maschine ist Care-Arbeit nicht zu einer bestimmten Uhrzeit erledigt. Wer sich unbezahlt um Kinder oder Angehörige kümmert oder in schlecht bezahlten Pflegeberufen arbeitet, gerät im Zweifelsfall schneller in wirtschaftliche Not. Dass Care-Arbeit allerdings eine große Bedeutung hat und systemrelevant ist, wurde besonders während der Corona-Krise deutlich, denn Krankenpfleger*innen, Altenpfleger*innen und Erzieher*innen hielten die Gesellschaft im Frühjahr 2020 aufrecht. »Fließbänder kann man mal stillstehen lassen. Kinder und Schwerkranke alleine zu lassen, ist unmenschlich«, schreibt Barbara Vorsamer in ihrem Text *Wer das Land am Laufen hält,* der in der *Süddeutschen Zeitung* erschien.[126] Entsprechend entlohnt werden sie dafür aber nicht, ebenso wenig wie die ebenfalls systemrelevanten Verkäufer*innen und Kassierer*innen. All diese Tätigkeiten haben noch etwas gemeinsam: Sie werden zum Großteil von Frauen übernommen, wie die Statistik zeigt:

»Zu Zeiten der Corona-Krise sind es vor allem die Frauen, die unsere Gesellschaft zusammenhalten. Wie die Statista-Grafik auf Basis von Daten der Bundesagentur für Arbeit zeigt, überwiegt ihr Anteil in denjenigen Berufsgruppen deutlich, die existenzielle Lebensbereiche umfassen. So sind etwa jeweils deutlich über 70 Prozent der sozialversicherungspflichtig Beschäftigten im Lebensmittel-Einzelhandel, bei den Sozialversicherungen oder den Krankenhäusern weiblich. Bei den Kindergärten und Vorschulen sind es sogar über 90 Prozent.«[127]

Wer hat in dieser Zeit den Alltag zu Hause organisiert, sich um die Kinder und deren Hausaufgaben gekümmert und an die Großeltern gedacht? In den meisten Familien waren das die Mütter. »Es heißt zwar oft, dass Frauen all diese Dienste freiwillig auf sich nehmen würden, aus Liebe und weil es in ihren Genen steckt. Die Antwort ist viel banaler: Frauen tun es, weil es eben getan werden muss«, schreibt Vorsamer.[128] Sorgearbeit ist erfüllend und sinnstiftend, aber sie benachteiligt finanziell und führt, wenn man sie ununterbrochen und ohne Unterstützung macht, schnell zu einer hohen mentalen Belastung. Dabei vergessen wir eines: Ohne Care-Arbeit ist auch keine Art von Arbeit möglich, die dem Aufrechterhalten und Wachstum der Wirtschaft dient. Dennoch wird (bezahlter und unbezahlter) Care-Arbeit weniger Wert beigemessen als produktiver Erwerbsarbeit, und das Dilemma betrifft eben in erster Linie Frauen. Die Sozialwissenschaftlerin Katrin Menke bemängelt in einem Interview, dass sich die Forderungen des modernen Feminismus auf die Erwerbstätigkeit reduzieren und sich dadurch neue soziale Ungerechtigkeiten ergeben haben.[129] Auch der Staat schätze nur die Erwerbstätigkeit, indem er sie mit der Sozialversicherung belohne. Wer sich kümmert oder pflegt, hat viel weniger Ansprüche auf Absicherung. Erwerbs- und Sorgearbeit gut zu vereinbaren, ist aber nur für Menschen aus einer bestimmten sozialen Schicht möglich. Dieses Problem zeigt sich auch beim Elterngeld, mit dem ein »sehr spezielles, urbanes, gut verdienendes akademisches Milieu« gefördert werde.[130] In der Tat ist ein häufiges Argument, warum Väter keine Elternzeit nehmen, dass es Familien gibt, die sich das nicht leisten können. Damit sprechen wir nicht von einem Ingenieur, der mit seinem Gehalt Eigenheim und Zweitwagen finanziert, sondern von Familien, die jeden Cent des Einkommens brauchen, um Wohnungsmiete und Lebensmittel zu bezahlen.

Frauen wie du und ich leiden unter der mentalen Belastung, weil wir uns für die Care-Arbeit und die Familien-Organisation verantwortlich fühlen und es auch sind. Diese Tatsache sowie die Diskriminierung von Betreuungsarbeit ist eine Gemeinsamkeit, die die Erfahrungen von Frauen ganz oben und ganz unten verbindet, schreibt Anne-Marie Slaughter.[131] Jedoch ist das Maß der Belastung stark abhängig von der sozialen Schicht, den gesellschaftlichen Privilegien und den finanziellen Mitteln. Eine Kassiererin mit Geldsorgen mag weniger über Bastelprojekte und selbst gemachte Schultüten nachdenken, aber sie ist mit hoher Wahrscheinlichkeit neben dem Lohnerwerb zu Hause für Haushalt, Care-Arbeit und die Familien-Organisation zuständig. Auch sie trägt die mentale Last, hat aber vermutlich keine Kraft mehr, sich zu beschweren oder etwas dagegen zu tun. Gemma Hartley weist in ihrem Buch darauf hin, dass in den USA seit Generationen Schwarze Frauen (der Begriff »Schwarz« verweist hier auf eine bestimmte Rassismuserfahrung und meint eine gesellschaftspolitische Zugehörigkeit) einen großen Anteil der Arbeitskräfte im Dienstleistungssektor mit einem hohen Anteil an Gefühlsarbeit ausmachen wie Altenpflegerin, Haushaltshilfe, Zimmermädchen oder Kellnerin. In Deutschland sind das vor allem Frauen aus Osteuropa.[132] Mit der sogenannten »Pendelmigration« oder der »globalen Betreuungskette« (auch »global care chain« genannt) versuchen Länder wie Deutschland, dem Mangel an Pflegekräften entgegenzuwirken, welchen das Land durch niedrige Löhne selbst verursacht hat. Wer einmal beginnt, sich mit Mental Load und den Auswirkungen zu beschäftigen, dringt immer tiefer ein in ein System, das Frauen diskriminiert und eine lebensnotwendige und anstrengende Arbeit, die unsere Gesellschaft aufrecht hält, nicht ausreichend würdigt. Das beginnt bei der unsichtbaren Familien-Organisation und führt bis hin zu länderübergreifender Ausbeutung von Frauen, die im beruflichen Kontext Gefühlsarbeit aufbringen müssen, aber dafür nicht entsprechend entlohnt werden. So entstand ein Teufelskreis aus Diskriminierung von Care-Arbeit durch geringe Bezahlung und fehlende Wertschätzung, was zu einer extrem hohen mentalen Belastung führt, die es wiederum schwer möglich macht, sich aus der Situation zu befreien.

POLITIK, KULTUR UND GESELLSCHAFT

Damit Politiker*innen die Belange von Frauen im Blick haben, brauchen wir mehr Frauen in Gemeinde- und Betriebsräten und in der Landes- und Bundespolitik. Doch Frauen fehlen in der Politik, und das ist auch eine Folge davon, dass Frauen familiär so eingespannt sind. Viel zu wenige Mütter haben den Kopf frei und finden die Zeit für politisches Engagement. Das ist fatal für unsere Gesellschaft, denn was für Unternehmen gilt, gilt schon lange für die Politik. Diverse Teams sind erfolgreicher, weil sie die Gesellschaft abbilden. Je unterschiedlicher die Entscheidungsträger*innen selber sind, desto eher haben sie die Bedürfnisse vieler unterschiedlicher Menschen im Blick.

Aber Frauen sind bis heute in der Öffentlichkeit zu wenig sichtbar. Mittlerweile besetzen einige Frauen wichtige politische Ämter. Wie wirkt sich dieser Umstand auf die Politik aus, und was hat das für Konsequenzen, fragte *Zeit*-Journalist Bernd Ulrich in dem Artikel *Die Kunst der Effizienz*. Das Kennzeichen männlicher Politik war bisher nämlich meist eine Armada von Frauen, die im Hintergrund die Arbeit am Laufen hielten. »Stets konnten Männer aus dem Vollen schöpfen, zeitlich, seelisch, aufmerksamkeitsökonomisch und auch materiell, indem sie sich die unsichtbaren und unerschöpflich weiblichen Energien einverleibten.«[133] Dabei verwendeten männliche Politiker viel Zeit auf gegenseitige Kränkungen, Eitelkeit, Rache, Pathos und Selbsterhöhung. Die »Barock-Politik« der Männer sei Bundeskanzlerin Angela Merkel fremd, auch Frauen wie Greta Thunberg, Luisa Neubauer oder Carola Rackete schäumten nicht gegen ihre Gegner und wiesen damit eine politische und männlich geprägte Kultur zurück, so der Journalist. Frauen konzentrieren sich damit eher auf echte, sachhaltige Probleme des 20. Jahrhunderts, auch weil sie eben keine Männer im Hintergrund haben, die ihnen laufend den Rücken freihalten, so lautet Ulrichs Analyse.[134]

Frauen sind weder bessere Menschen noch fähigere Politikerinnen, und sie treffen nicht unbedingt die besseren Entscheidungen, aber sie bringen neue politische Ansichten mit und bereichern die Debatte. So forderte Sanna Marin, die neue finnische Ministerpräsidentin, beispielsweise zu Beginn des Jahres 2020 einen Testlauf für das Konzept einer viertägigen Arbeitswoche und eines sechsstündigen Arbeitstages:

> *Ich glaube, die Menschen haben es verdient, mehr Zeit mit ihren Familien, Angehörigen, Hobbys und anderen Aspekten des Lebens wie der Kultur zu verbringen. Dies könnte der nächste Schritt für uns im Berufsleben sein.*[135]

Frauen und ihre Sicht der Dinge fehlten zu lange in der Politik und in unserer Geschichtsschreibung, aber sie fehlten auch in der Kirche, in Kunst, Literatur und Film. Der Muttermythos trug lange Zeit dazu bei, dass der Schwerpunkt einer Frau auf dem Kümmern lag. Ihre vielfältigen Begabungen und Fähigkeiten wurden dabei ignoriert, und das hält bis heute an. Die Autorin Margarete Stokowski verweist zum Beispiel auf den Komponisten Gustav Mahler, der seine Frau Alma zwang, nach der Hochzeit mit dem Komponieren aufzuhören. Bis heute hält sich der Eindruck, Komponieren sei etwas für Männer. Auch im Literaturbetrieb empfehlen immer noch »männliche Literaturkritiker die von männlichen Verlegern gepushten männlichen

Lieblingsschriftsteller«.[136] Ähnliches gilt für die Filmbranche und die jährliche Oscar-Verleihung.

Die Welt der Bilder, der Fotografie, der Romane und Filme (90 Prozent aller weltweit verfilmten Drehbücher kommen von männlichen Autoren)[137] ist vor allem von Männern gemacht, und unsere Gesellschaft hat die männliche Sicht der Dinge übernommen. Erinnerst du dich? Wir haben im ersten Teil des Buches gelernt, wie wir mit den Augen Rousseaus auf unsere Verantwortung als Mutter schauen. Wir haben die Erwartung ungefragt übernommen, dass wir Frauen für die gute physische und psychische Entwicklung unserer Kinder verantwortlich sind und es unsere Aufgabe ist, uns in erster Linie um die Familie und den Haushalt zu kümmern.

Unterbewusst bewerten wir viele Dinge aus dieser kulturell entstandenen patriarchalischen Sicht heraus. Dabei entsteht eine Art Teufelskreis, indem wir selbst von uns das erwarten, was der männlichen Erwartungshaltung entspricht. All das begünstigt den Mental Load und macht es nur noch schwerer, aus diesem System auszubrechen. Warum leben wir, Männer und Frauen, auch heute noch nach stereotypen Rollenbildern und lassen uns so stark beeinflussen von konservativen gesellschaftlichen Erwartungen? Weil es schwer ist, die Umstände zu ändern, mit denen wir aufgewachsen und die so tief in unserer Kultur verankert sind.

ZUSAMMENFASSUNG

- *Durch die mentale Last entwickeln viele Frauen das Gefühl, im Alltag zu ertrinken. Sie fühlen sich in ihrer Rolle gefangen und sehen keinen Ausweg, weil die Familien-Organisation ausschließlich an ihnen hängt. Das führt zu einer hohen psychischen Belastung.*

- *Die Paar-Beziehung leidet, weil das Mental-Load-Problem nur schwer erklärt und besprochen werden kann. Der Konflikt führt zu Frust und Aggressionen und das Gefühl geht verloren, als Eltern ein Team zu sein.*

- *Mental Load hält Frauen davon ab, sich im Beruf auf die Arbeit zu konzentrieren. Ihre Teilzeitjobs werden nicht ernst genommen, es fehlen Zeit und Kraft, um Führungspositionen zu übernehmen. Berufliches Weiterkommen wird Frauen durch die mentale Last erschwert. Das hat auch finanzielle Folgen.*

- *Mental Load hindert unsere Gesellschaft daran, die Gleichberechtigung voranzutreiben. Mit der Diskriminierung von Care-Arbeit schaden wir vor allem Frauen. Je weniger privilegiert sie sind, desto stärker sind die Auswirkungen.*

- *Die Erwartung an Frauen, dass sie sich um alle Fürsorgebelange kümmern, und der damit zusammenhängende Mental Load haben Auswirkungen auf Politik, Kultur und Kunst. Frauen fehlt der mentale Raum für ihre vielfältigen Begabungen und Fähigkeiten. So werden ihre Werke und ihre Stimmen ignoriert.*

AUSWEGE FINDEN

DIE REVOLUTION BEGINNT ZU HAUSE

Wir haben uns nun lange mit den Gründen für Mental Load und den daraus resultierenden Folgen für Frauen beschäftigt. Selbstverständlich muss sich etwas Grundlegendes in der Gesellschaft ändern, um das Übel an der Wurzel zu packen. Aber bevor wir Hand in Hand auf die Straße gehen und für echte Gleichberechtigung kämpfen, brauchen wir zunächst einmal Ruhe im Kopf. Darum muss die Veränderung im Privaten beginnen, und wir kommen nun endlich zu dem Teil, in dem du selbst aktiv werden kannst! Wir beginnen als Erstes mit dir selbst und widmen uns den psychologischen Maßnahmen. Was kannst du gegen den Druck von außen, deine eigenen hohen Ansprüche und deinen Perfektionismus tun? Wie kannst du dich selbst von einem Teil der mentalen Belastung befreien? Aber es geht natürlich nicht nur um dich, sondern um euch als Eltern und Doppelspitze eures Familienunternehmens. Daher kommen als zweites die kommunikativen Aspekte in der Partnerschaft zur Sprache, und wir widmen uns der wichtigen Frage, wie du dein Mental-Load-Problem verständlich erklärst. Der dritte Punkt besteht aus konkreten Empfehlungen, um die Aufgaben und die mentale Anstrengung, die dahintersteckt, zu teilen. Ich gebe euch eine Anleitung mit verschiedenen praktischen Lösungen an die Hand, die euch und ganz besonders dir das Leben leichter machen sollen.

Anton und ich haben unsere Revolution in Gang gebracht, nachdem ich im Sommerurlaub einfach nicht mehr konnte. Vielleicht erinnerst du dich an meinen Zusammenbruch wegen ein paar lächerlicher Logopädie-Übungen? Aber sie haben mein Fass zum Überlaufen gebracht.

Manchmal braucht man einen Auslöser und eine mittelgroße Krise, um neue Wege zu gehen, aber ich hoffe, dass du mithilfe dieses Buches eine Möglichkeit findest, schon vorher richtig abzubiegen. Leider kann ich euch keine schnelle Lösung anbieten. Die Rollenbilder, die mehrere hundert Jahre alt sind, kriegen wir nicht so einfach aus unseren Köpfen heraus. Dafür braucht es Zeit und Geduld auf allen Seiten. Es macht Arbeit, Gewohnheiten zu verändern, denn die Gründe für unser Verhalten und für unsere Annahmen über Mütter- und Väterrollen sind tief in unserem Unterbewusstsein verankert. Außerdem sind Familien verschieden. Eltern haben ihren eigenen Charakter, eine ganz individuelle Familienbiografie, sind in unterschiedlichem Maße von Geschlechtsstereotypen betroffen und haben bestimmte Tagesabläufe. Daher schlage ich euch ganz unterschiedliche Ideen vor, aus denen ihr euch die besten rauspickt.

Das Ziel, die mentale Belastung zu teilen und gleichzeitig auch zu minimieren, ist erstrebenswert für die ganze Familie. Daher lohnt sich die Arbeit, die zwangsläufig vorher noch getan werden muss. Stell dir einmal vor, was es für dich bedeuten würde, wenn du die ganze Denk- und Organisationsarbeit nicht mehr alleine machen müsstest? Wenn dein Kopf endlich Feierabend hätte und du dich Dingen widmen könntest, die dir einfach nur guttun? Was würden sich dir damit für Zukunftschancen bieten, welche Ziele könntest du dir für dich persönlich ausdenken und was würde das für die allgemeine Zufriedenheit eurer Familie bedeuten?

DEM MUTTERMYTHOS AN DEN KRAGEN

FALSCHE ERWARTUNGEN IDENTIFIZIEREN

Für unsere eigenen Bedürfnisse einzustehen, ist wichtig und fällt gleichzeitig so unendlich schwer. Wir Mütter sind es gewohnt, für unsere Familie da zu sein, und haben nicht ausreichend gelernt, für uns selbst zu sorgen. Veränderungen anzustoßen ist am leichtesten, wenn wir bei uns selbst anfangen. Dir ist beim Lesen des Buchs sicher bewusst geworden, welche Einflüsse auf dich wirken und welchen gesellschaftlichen Zwängen jede von uns unterliegt. Christina Mundlos hat das in der Sendung *Frau tv* im WDR[138] passend in Worte gefasst:

> *Frauen werden auch heute noch fast ausschließlich über ihre Mutterschaft und über ihre Kinder definiert. Das heißt, die Identität von Frauen steht und fällt damit, ob sie von außen als gute Mutter angesehen werden.*

Ich selbst habe bei der Recherche für dieses Buch ziemlich schlucken müssen, auch weil ich viel über mich selbst gelernt habe. Das war nicht immer leicht, und manchmal bin ich sogar richtig wütend geworden oder habe mich unglaublich hilflos gefühlt. Aber diese

Erkenntnisse bewirkten, dass ich nun anders auf mich blicke und viele Anforderungen nicht mehr annehmen möchte. Das war der erste Schritt, und seitdem geht es mir schon ein ganzes Stück besser. Vielleicht fragst du dich nun, wie du dabei konkret vorgehen kannst? Wie kannst du den Druck ablegen und die Mutter sein, die deiner Persönlichkeit entspricht, ohne dabei dem Ideal des Muttermythos auf den Leim zu gehen?

Dieses Phänomen ist uns nun bewusst: Egal ob in dem Apothekenheft mit den zehn Tipps, wie Kinder gesund durch den Herbst kommen, auf dem Cover des Erziehungsratgebers im Buchladen oder auf dem Werbeplakat für Kindersonnencreme – abgebildet ist meist eine Frau mit ihrem Kind. Gleiches trifft auf Werbung für Haushaltsmaschinen zu, denn auch dort sehen wir nur Frauen. Was wir sehen, prägt unser Weltbild. Aber es sind nicht nur diese Bilder, die uns die Verantwortung in die Schuhe schieben, sondern ganz konkret die Menschen um uns herum. Im Fragebogen beim Kinderarzt wird gefragt, ob sich das Kind gut von der Mutter trennen könne, und ganz besonders oft weisen Schwiegermütter oder die eigenen Mütter darauf hin, dass Kinder und Haushalt in weiblicher Verantwortung stehen. »DEIN Kühlschrank ist leer« oder »hier steht noch DEIN Wäschekorb im Weg!« Ähnlich verhält es sich bei der Kinderbetreuung. Kaum ein Mann wird im beruflichen Umfeld gefragt, wer sich den ganzen Tag um die Kinder kümmert, während er außer Haus ist. Frauen dagegen müssen sich Vorwürfe anhören, wenn sie beruflich bedingt seltener zu Hause sind. Wir meinen heute, unser Leben frei gestalten zu können, aber so ist es einfach nicht, und das bekommen wir täglich zu spüren. Caroline Rosales hat das so formuliert: »Tatsache ist, dass jede Mutter, jede Frau so lange arbeiten gehen darf, wie sie möchte, doch das moralische Über-Ich, der gesellschaftliche Tadel hängt über ihr wie ein schwingendes Beil.«[139]

Dieses von Rosales bezeichnete moralische Über-Ich und der gesellschaftliche Tadel haben sich als Stimmen in unserem Kopf manifestiert und melden sich jedes Mal kritisch, wenn wir etwas tun, das nicht der klassischen Mutterrolle entspricht. In Kombination mit den aktuellen Forderungen nach Karriere und finanzieller Unabhängigkeit entsteht dieser enorm hohe Druck auf Mütter, der sich dann in ihrem Hang zum Perfektionismus zeigt. Es sind zahlreiche Erwartungen, die also auch auf dich einprasseln, und es ist logisch, dass du die Verantwortung übernehmen möchtest.

Hier aber steckt auch deine Chance. Die Erwartungen nicht anzunehmen, ist die Schwierigkeit, aber auch dein Ausweg aus dem Dilemma.

MODERNE ANSPRÜCHE HINTERFRAGEN

Warum sind wir heute so ausgebrannt und mental belastet? Haben wir es nicht viel leichter als die Mütter früher? Wir haben Elterngeld und tolle Waschmaschinen, nehmen Elternzeit und haben Kitaplätze für Einjährige. Davon konnten die Frauen Generationen vor uns nur träumen. Allerdings war früher klar: Die Frau heiratet, steigt aus dem Job aus und wird Mutter. Sie kocht, putzt und wäscht und beschwert sich nicht, denn das ist nun einmal ihre Aufgabe. Deshalb verlief ihr Leben vermutlich weitaus entspannter. Aber selbst wenn es unsere Mütter ruhiger hatten, waren auch sie mental belastet, und manche Frauen schimpfen bis heute darüber, dass ihr Partner nicht einmal in der Lage ist, seinen Koffer selbst zu packen oder den Geldbeutel zu finden. Diese erlernte Hilflosigkeit der Männer hat schon früher für einen vollen Kopf bei ihren Partnerinnen gesorgt.

Es ist nicht so, dass alle Mütter früher zufriedener waren als heute, wie Soziologin Christina Mundlos am Beispiel der westdeutschen Frauen in den Fünfziger- und Sechzigerjahren erklärt:

Die Mutter, der es Freude bereitet, in jeder Minute ihres Lebens für die eigene Familie zu funktionieren und stets die Bedürfnisse anderer über ihre eigenen zu stellen, hat nie existiert. (…) Ein unglückliches Leben führen zu müssen und gleichzeitig nach außen einen fröhlichen Menschen zu spielen, dessen Fassade nie bröckeln durfte, hat viele Mütter psychisch krank gemacht.[140]

Dass die Fassade nicht bröckelt, ist auch ein von uns erklärtes Ziel. Wir beobachten uns den ganzen Tag selbst, und unsere innere Stimme sagt uns, was andere Menschen VERMEINTLICH denken: »Na, mal wieder die Kinder angemeckert, obwohl Mütter liebevoll und geduldig sein müssen? Und dann noch Hefezopf beim Bäcker gekauft, wo doch die anderen Mamas alles selber machen! Kann es sein, dass du das Kind trotz Schnupfen in der Kita abgibst, weil dir der Job heute einfach wichtig war? Und dein Ausraster neulich im Supermarkt war ja wohl voll daneben.«

Unmengen an Ratgebern, Vorbildern in den sozialen Medien und Do-it-yourself-Anleitungen sind Möglichkeiten, die unsere Mütter im Gegensatz zu uns nicht hatten – auch zu ihrem Glück. Noch dazu standen die Kinder damals nicht so sehr im Fokus, wie sie es heute tun. Die bedürfnisorientierte Erziehung, ein sehr kindgerechter Erziehungstrend, widmet sich vom Grundgedanken her den Bedürfnissen aller Familienmitglieder, aber im mütterlichen Eifer gehen die eigenen Wünsche schnell unter. Außerdem denken wir, dass die anderen Mütter um uns herum ihr Leben im Griff haben, auch weil die wenigsten zugeben, dass der Anspruch zu hoch ist.

Heute trifft ein traditionelles Mutterbild auf ein modernes Frauenideal, und wir versuchen, diese beiden zusammenzuführen. Es ist das Ziel, frei entscheiden zu können, wie man Mutterschaft lebt. Weil der Muttermythos aber bis heute tief in uns verankert ist, verstehen wir unter der freien Entscheidung, alle Ansprüche zu übernehmen, anstatt die für uns richtigen auszusuchen.

Frei wählen heißt eben auch, zum einen Ja, zum anderen Nein sagen zu können. Wir trauen uns nicht, berufstätig zu sein und die Kinderbetreuung für einen längeren Zeitraum anderen zu überlassen, oder aber wir spüren Zweifel an der Entscheidung, zu Hause bei den Kindern zu bleiben und die Berufstätigkeit zurückzustellen. Alles auf einmal geht jedoch nicht, und das muss im Übrigen auch für Männer gelten. Sich für eine Familie zu entscheiden und ihr dann keine Zeit zu widmen, ein gemütliches Zuhause zu genießen, aber sich selbst nicht für die Atmosphäre zuständig zu fühlen – das war bisher ein männliches Privileg auf Kosten der Frauen.

Heute können wir Frauen den Traum von beruflicher Unabhängigkeit und Selbstverwirklichung wagen, der für die Mütter früher unerreichbar war. Aber wir wachen nicht selten in einem Alptraum auf, weil die Vereinbarkeit von Job und Kind, von Vollzeitmama und unabhängiger Frau einfach nicht gelingen mag. Wir müssen uns von dem Märchen der Supermutter, an das wir selber noch glauben, verabschieden. Denn diese Supermutter gibt es nicht, auch wenn das Bild von ihr medial präsent ist. Gerade weil wir all die tollen Fotos in den Zeitschriften sehen, die weibliche Stars mit ihrer Kinderschar zeigen, auf Instagram schöne Mütter mit kleinen Babys im geschmackvoll eingerichteten Eigenheim bewundern und gleichzeitig im Internet lesen, dass Beruf und Familie zu vereinbaren seien, solange sich eine Frau einfach nur richtig reinhängt, möchten wir den Traum nicht aufgeben, es einmal selbst zu schaffen. Aber genau das sollten wir tun! Tauschen wir den Traum der Supermutter gegen den Traum einer Mutter, die nicht mehr unter ihrem Mental Load leidet.

DENKMUSTER DURCHBRECHEN

Doch wie schaffst du es, diese gewohnten Muster, das steife Mutterbild und diesen Perfektionismus loszuwerden und auf diese Weise einen ersten Schritt in die richtige Richtung zu gehen? Ich habe Dr. Prieß gefragt:

Wie kommt es eigentlich dazu, dass Frauen so viel von sich erwarten, und was kann man selbst tun, um den eigenen Perfektionismus zu erkennen und zu hinterfragen?

Dr. Mirriam Prieß: *Damit unsere Beziehungen im Außen gelingen, brauchen wir eine gelingende Beziehung zu uns selbst. Diese ist gekennzeichnet durch den inneren Dialog: Wir leben unsere wesentliche Identität und begegnen uns selbst interessiert, offen, empathisch, auf Augenhöhe, mit Respekt und Wertschätzung. Kurzum, wir besitzen einen realistischen Blick für uns selbst auf Grundlage eines gesunden Selbstwerts. Wenn uns diese innere Identität fehlt, müssen wir diese an Bedingungen knüpfen. So zum Beispiel durch Perfektionismus.*

Die Grundlage hierfür erfolgt in den ersten Beziehungserfahrungen. Sind wir von Beginn an in der Atmosphäre des Dialogs aufgewachsen, haben unsere Eltern uns in unserem Wesen bestärkt und gefördert (»So, wie du bist, bist du gut«), können wir eine gesunde Beziehung zu uns selbst entwickeln und uns über uns selbst anstatt über Perfektion identifizieren. Haben wir jedoch diese bedingungslose Annahme unseres Selbst nicht erfahren, sondern war diese an Bedingungen gebunden (etwas zu leisten, sich zu kümmern, auf eine bestimmte Art auszusehen etc.), dann haben wir dies automatisch mit uns selbst verknüpft und leben dies als Erwachsene weiter. Aber auch, wie das Kind die Mutter in ihrer Verkörperung als Frau und Mutter erlebt, prägt für das spätere Frau- und Muttersein. Der erste Schritt zur Lösung ist immer die Bewusstwerdung. Wenn ich mir bewusst mache, dass hinter meinem Perfektionsanspruch die Angst vor Ablehnung, fehlende eigene Identität und fehlende Selbstliebe stehen, dann kann ich diese jetzt entwickeln. Dazu gehört auf der einen Seite die Verarbeitung der prägenden und häufig schmerzlichen Kindheitserfahrungen und auf der anderen Seite das Erlernen des Dialogs mit mir selbst. Beides ist möglich und lässt viel Freiheit entstehen.

Diese hohen Ansprüche an uns selbst stellen wir auch, damit andere Menschen erkennen, was wir leisten, und uns dafür mögen und schätzen. Die Soziologin Christina Mundlos rät, sich diesem Problem bewusst zu werden und zu erkennen, wie sehr das eigene Selbstwertgefühl äußeren Einflüssen unterliegt. Nach dieser Erkenntnis könne man sich entschließen, es selbst zu formen: »Wer den Vorsatz fasst, sich besser fühlen zu wollen und dem Mütterterror entrinnen zu wollen, der hat den ersten Schritt dorthin bereits geschafft.«[141] Wie auch Dr. Prieß rät, ist es für dich sinnvoll, deine Glaubenssätze über Mutterschaft einmal zu hinterfragen. Führst du nur dann ein gelungenes Leben als Mutter, wenn du all diese Attribute erfüllst?

Nimm dir einen Stift und schreib mal auf, welche Glaubenssätze du über Mutterschaft hast. Ich mache den Anfang:

- ✓ Eine gute Mutter hat immer Zeit.
- ✓ Eine gute Mutter ist immer geduldig.
- ✓ Eine gute Mutter ist nach der Geburt schnell wieder schlank.

- ✓ Eine gute Mutter hat viele Kinder.
- ✓ Eine gute Mutter ist finanziell unabhängig.
- ✓ Eine gute Mutter gibt ihren Beruf nicht auf.
- ✓ Eine gute Mutter verzichtet auf ihre berufliche Karriere.
- ✓ Eine gute Mutter schreit niemals herum.
- ✓ Eine gute Mutter plant einen grandiosen Kindergeburtstag.
- ✓ Eine gute Mutter bleibt gelassen und entspannt.
- ✓ …

Immer dann, wenn du gegen einen deiner inneren Glaubenssätze über das Muttersein verstößt, fühlst du dich unterbewusst schlecht. Aber du erkennst schon an den Beispielsätzen, dass sie sich einander widersprechen. Indem du diesen Sätzen Glauben schenkst, hast du keine andere Chance, als dich laufend schuldig oder unzureichend zu fühlen. Ich will meinen Beruf nicht vernachlässigen und trotz Kindern Karriere machen. Gleichzeitig nehme ich mir abends extra viel Zeit für sie, bastele die Schultüte und nähe das Faschingskostüm selbst. Ich packe alle Termine in meinen Tag, die möglich sind, möchte aber auch geduldig sein und mit meinen Kindern respektvoll und ruhig umgehen. Du merkst schon: Es ist der reinste Sisyphus-Job.

Du hast also für dein Mutter-Leben im Laufe der Zeit selbst eine Menge Regeln zusammengetragen. Diese Regeln gilt es jetzt zu überprüfen und abzuwägen, an welchen du festhalten möchtest. Du kannst dich in einem inneren Selbstgespräch fragen, ob deine Glaubenssätze wirklich wahr sind, indem du sie umkehrst. Ist eine Frau nur dann eine gute Mutter, wenn sie für ihr Kind dauernd Zeit hat? Sind dann alle Frauen schlechte Mütter, die wenig Zeit haben? Durch solche Fragestellungen wird schnell klar, dass wir so manchen Glaubenssatz mit uns herumtragen, der uns völlig zu Unrecht unter Druck setzt. Buchautorin und Coach Kathrin Borghoff hat einen Tipp, wie du die Stimme in deinem Kopf, also deinen eigenen Kritiker, positiv beeinflussen kannst. Sie schreibt davon, wie ihre eigene Souffleuse im Kopf stets einen sehr lauten und kritischen Ton an sich hatte. Aber sie hat das bewusst beeinflusst:

> *(…) du kannst lernen, die Wortwahl und den Tonfall deines Kritikers zu verändern. Ich zum Beispiel habe mir eine wohlwollende Stimme in meinem Kopf geschaffen, die jedes Mal, wenn das Tonband da oben anspringt, um mir zu erzählen, dass ich einen Fehler gemacht habe, an allem Schuld bin oder sonst irgendetwas nicht richtig gemacht habe, dazwischengrätscht und liebevoll über meinen Selbstwert streichelt. Sie hat stets nette Sätze für mich parat und einen wirklich wertschätzenden Blick auf die Welt. Und das Beste an ihr ist: Sie ist unendlich oft replizierbar, und du kannst dir deine eigene Souffleuse hier und heute entwerfen.*[142]

Deine Stimme könnte dir abends Folgendes sagen: »Du wolltest heute gesund kochen, aber daraus ist nichts geworden. Macht doch nichts! Dafür hast du die Kinder angezogen, ihnen Frühstück gemacht und sie in der Kita abgeliefert, hast gearbeitet, sie wieder abgeholt und auf dem Spielplatz für frische Luft gesorgt. Obwohl du müde warst, hast du abends noch die Mail an den Steuerberater geschrieben. Du kannst stolz auf dich sein!«

Es ist wichtig, dir ein realistisches Selbstbild zu erschaffen, fernab vom Bild der Supermutter. Eltern werden jeden Tag an einigen Aufgaben scheitern. Mal sind wir zu ungeduldig mit den Kindern, schaffen vorgenommene To-dos nicht, vergessen einen Termin oder sind einfach nicht in der Laune, für gute Stimmung zu sorgen. Das müssen wir akzeptieren und lernen, uns selbst zu verzeihen und uns dennoch als »gute Mutter« zu sehen. Dr. Prieß' Tipp, in den Dialog mit sich selbst zu treten, funktioniert dann am besten, wenn unsere innere Stimme wohlmeinend ist. Deine Kinder haben es verdient, dass du nett mit ihnen umgehst. Das gilt aber genauso für dich selbst. Manchmal gehört dazu, sich von einem Ideal zu verabschieden, das man im Kopf hat.

Eine Mutter schrieb mir, was ihre Lösung war:

Ich wollte immer die perfekte Mutter in Bezug auf ökologische Kleidung sein, die mindestens einmal die Woche frischen Kuchen backt, ein aufgeräumtes Haus hat, Kinder bildschirmfrei erzieht, die in Wolle-Seide-Kleidung mit Holzspielzeug spielen. Leichter wurde es, als ich mich davon befreit habe.

DAS BIST DU!

Wie kommst du nun deinem persönlichen Mutterbild näher, das nicht den Erwartungen der Gesellschaft, sondern deiner Persönlichkeit entspricht? Hilfreich kann beispielsweise ein Aspekt aus dem Buddhismus sein, die sogenannte »Nicht-Identifikation«. Damit kannst du dir klarmachen, dass das Geschrei der Kinder nicht DU bist, DU bist auch nicht der schmutzige Küchenboden und DU bist auch nicht einzig und allein eine Mutter. Wäre dem so, wärst du nicht du selbst gewesen, als du noch keine Kinder hattest. Mit diesem Mantra schaffst du es vielleicht besser, auch mal Abstand vom Muttersein zu bekommen.

Angelehnt an die Strategie von Tiffany Dufu[143] kannst du außerdem einmal Folgendes versuchen: Stell dir vor, was drei nahe Freunde oder Verwandte an deinem 80. Geburtstag über dich sagen würden. Was sind besondere Eigenschaften und Stärken, die dich auszeichnen? Im zweiten Schritt bittest du ein paar dir nahestehende Menschen per E-Mail, deine Stärken aufzuschreiben. Die Antworten zeigen dir, welche Wirkung du auf andere hast, und führen dir vor Augen, wie du andere Menschen bereicherst. Dabei wird dir klar, wie du deine Stärken für deine Kinder nutzen kannst und was deine persönlichen Qualitäten als Mutter sind. Im dritten Schritt denkst du darüber nach, wie du deine wenige und wertvolle (Frei-) Zeit verbringen möchtest und sie besser für dich nutzt. Vielleicht beschließt du auf diese Weise, das Basteln und Nähen aufzugeben und deine kreativen Hobbys auf einige wenige zu beschränken, weil sie dir wirklich Freude machen? Du musst leider erkennen, dass die Zeit nicht reicht, um all die kreativen Dinge zu tun, die dir vorschweben. Durch das Priorisieren gewinnst du Zeit! Mach eine Liste mit all den Dingen, die dir guttun. Einen Roman lesen, joggen gehen, ein Schaumbad nehmen, Espresso trinken, eine Massage buchen oder in die Therme fahren. Deine Lieblingsaktivitäten nimmst du am besten künftig so ernst wie die Pflichtaufgaben, die du zu erledigen hast. Außerdem ist es entspannend, einmal gar nichts zu tun, nicht einmal etwas Schönes, sondern einfach nur völlig unproduktiv zu sein. Am Ende ist wichtig, dass du dir eines klarmachst: Du bist auch eine liebenswerte Person, wenn du einmal keine Leistung zeigst. Das gilt ganz besonders für das Muttersein. Für dein Kind oder deine Kinder musst du keinerlei Leistung erbringen, um geliebt zu werden.

Vielleicht konzentrierst du dich wie ich schon viel zu lange darauf, die Erwartungen des Muttermythos zu erfüllen. Hast du auch so oft abends ein schlechtes Gewissen, weil du mal wieder viele Dinge auf der To-do-Liste nicht streichen konntest, die du dir vorgenommen hast? Um dich von diesem Druck zu befreien, kannst du eine Liste mit sämtlichen Dingen aufschreiben, die Eltern für oder mit ihren Kindern tun und dann drei heraussuchen, die dir am wichtigsten erscheinen. Das waren bei mir »in den Arm nehmen«, »miteinander lachen« und »gut zuhören«. Ich finde es ganz wunderbar, für die Kinder zu backen oder unternehmungslustig zu sein, aber an vielen Tagen bleibt dafür keine Zeit. Wenn mich also der Alltag mal wieder an die kurze Leine nimmt, schaue ich auf einen kleinen Zettel mit den drei Dingen, die mir wichtig sind. Dabei fällt mir ein, dass ich die Kinder mittags alle fest gedrückt habe, meiner Tochter aufmerksam zuhörte, als sie mir von der Schule erzählte, und wir abends beim Essen alle laut gelacht haben. Probiere es mal aus und kringele dir in der folgenden Abbildung die drei Tätigkeiten ein, die du als Mutter für die wichtigsten erachtest, schreib sie auf einen kleinen Zettel und häng sie dir an den Kühlschrank. Wenn du abends darauf schaust, wirst du garantiert fast immer feststellen, dass du alles wirklich Wichtige getan hast.

Mutter-Sparmodus ❤

Schöne Dinge:

Auf den Spielplatz gehen
In den Arm nehmen
Vorlesen
An die frische Luft gehen
Zuhören
Kuscheln
Etwas zusammen backen
Konflikte lösen
Geduldig sein
Miteinander spielen
Quatsch machen
Miteinander lachen
Vom Tag erzählen
Kreativ sein
Bei den Hausaufgaben helfen
Beim Anziehen helfen
Liebevoll wecken
Beim Einschlafen begleiten
Miteinander basteln
Witze erzählen
Es gemütlich machen
Pläne schmieden
Ein Gesellschaftsspiel spielen
Etwas Leckeres kochen
Trösten
Streit schlichten
Sich sagen, wie lieb man sich hat
Natur entdecken
Komplimente machen

GEGEN DEN PERFEKTIONISMUS

Der Perfektionismus gaukelt uns vor, dass wir die Kontrolle über den Berg an Arbeit nicht verlieren. Wenn wir alles auf der To-do-Liste geschafft haben, haben wir unser Leben im Griff, sagt uns die innere

Stimme. Nur ist das ein Irrglaube. Die Angst vor überbordendem Chaos ist groß, aber meist unbegründet, denn wir werden nicht unter Wäschebergen versinken. Auch leidet kein Kind in diesem Land so schnell an Vitaminmangel, wenn es nicht jeden Tag reichlich Obst und Gemüse verzehrt, und eine Stunde Fernsehen am Stück hat Kindern noch nicht geschadet, wenn sie ein wenig Ruhe für die Eltern bedeutete. Dein Perfektionismus ist vermeintlicher Selbstschutz – wenn du das erkennst, kannst du ihn Stück für Stück aus deinem Leben verbannen. Euer Haushalt muss nicht perfekt geführt sein, sondern gut genug. Eure Familien-Organisation muss funktionieren, aber wenn weniger wichtige Dinge auch mal liegenbleiben, ist das nicht schlimm. Die To-do-Listen werden immer endlos bleiben, und wenn du hier aufhörst zu putzen, kannst du woanders wieder anfangen, habe ich recht?

Manchmal hilft es, sich Vorbilder zu suchen oder andere Frauen zu ihrer Sicht auf die Dinge zu befragen. Buchautorin und Steh-auf-Queen Nicole Staudinger hat eine schwere Krebserkrankung überwunden und durch diesen Schicksalsschlag einen anderen Blickwinkel auf den Alltag gewonnen, den sie mir verriet:

> *Aus der Erfahrung einer ehemals totkranken Mutter musste ich feststellen, dass den Kindern nie das frisch geputzte Badezimmer in Erinnerung bleibt. Ich habe es noch nie erlebt, dass meine Jungs abends im Bett liegen und sagen: »Mama, was war das für ein schöner Tag und das Beste war, dass unser Badezimmer abends so schön geputzt war.« Und ich finde, das bringt es eigentlich ganz gut auf den Punkt.*

Übrigens habe ich dieses Buch fertig geschrieben, als die Menschen wegen der Corona-Krise im Frühjahr 2020 zu Hause bleiben mussten. Eltern standen vor der Herausforderung, Beruf, Haushalt, Homeschooling und Kinderbetreuung auf einmal zu bewältigen. Wie oft habe ich von Müttern und Vätern gehört, dass der Haushalt in dieser Zeit viel chaotischer war, weil dafür einfach keine Zeit blieb. In Krisenzeiten merken wir, dass es ohne Perfektionismus funktionieren muss. Wenn wir etwas Positives mitnehmen können aus dieser schweren Zeit, dann ist es die Erkenntnis, dass »weniger perfekt« das »genau richtig« ist.

Auf der Suche nach Ideen für Familien, den Alltag zu erleichtern und die Ansprüche zu reduzieren, habe ich noch mehr Mütter gefragt, wie sie gegen den eigenen Druck, alles immerzu perfekt zu machen, angehen. Buchautorin und Twitter-Koryphäe Marlene Ottendörfer beispielsweise schrieb mir auf meine Frage, wie sie den täglichen Anspruch an sich selbst mindere, dass sie sich angewöhnt habe, den Blickwinkel zu verschieben:

> *Am Anfang war da der Gipfel. Der Gipfel des Mental-Load-Bergs. Ich sah ständig nach oben. Den Kopf in den Nacken gelegt blickte ich zum Gipfelkreuz hinauf. Meinem Ziel. Weit oben. Viel zu weit oben. Nicht zu bewältigen. Unmöglich. Daraus resultierten Druck, Stress und Ängste. Bis ich den Blickwinkel änderte. Nicht mehr bis zum Kreuz hinaufschaute. Sondern nur noch bis zur nächsten Etappe. Einem realistischen Ziel. Und so schaffe ich täglich meine kleine Wanderung. Und schaue nicht mehr weiter, als bis zur nächsten Rast. Und dort angekommen esse ich Kaiserschmarrn und genieße den Blick auf das, was ich bewältigt habe.*

Buchautorin und Journalistin Lisa Harmann hat ein besonders schönes Bild für den Perfektionismus gefunden und wie wir lernen können, uns gegen ihn zu entscheiden:

> *Ich glaube, es hilft am meisten, beim Kettenkarussell nicht der Sitz ganz außen zu sein, sondern der Pfeiler in der Mitte. Wenn wir bestimmen, wie schnell sich die Sitze draußen drehen, ob wir sie näher an uns ran oder extra weit rausfliegen lassen, dann können sie uns kaum etwas*

anhaben. Stellen wir uns doch mal vor, Sitz 1 sagt, ich dürfe nicht zu Hause bei den Kindern bleiben, Sitz 2 erwidert, Vollzeit arbeitende Mamas seien Rabenmütter, Sitz 3 sagt, wir müssten lange stillen und Sitz 4 meint, das sei doch nicht feministisch, sich so abhängig vom Baby zu machen. Wenn dann auch noch Schwiegermama-Sitz 5 erklärt, wir hätten doch wohl den Haushalt nicht im Griff, dann ist es gut, recht kräftig im Boden verankert zu sein – und zu beschleunigen, damit die Sitze nicht zu nah an uns herankommen. Sind aber auch Sitze dabei, die uns zuhören, die uns guttun, die uns verstehen, die ähnlich ticken wie wir, die nicht belehren, sondern bestärken, dann nehmen wir das Tempo raus aus dem Karussell und lassen sie ganz nah an uns heran. WIR müssen glücklich sein mit unserem Leben. Niemand sonst. Das sollten wir uns immer mal wieder vor Augen führen.

Wir haben viel mehr Einfluss auf unsere Zufriedenheit, als wir denken. Tatsächlich ist es auch in Ordnung, sich von Menschen fernzuhalten, die einem nicht guttun, weil wir uns durch sie unter Druck gesetzt fühlen. So habe ich das mit Bekannten aus Krabbelgruppen getan, in deren Anwesenheit ich immer das Gefühl hatte, keine so geduldige und aufopferungsbereite Mutter zu sein wie sie es sind. Ich schaue mir schon lange keine perfekt gestylten Wohnungen in schicken Magazinen mehr an und klicke mich nicht durch Pinterest auf der Suche nach kreativen Bastelideen für Kinder. Perfektionismus begegnet uns gerade auch beim Trendthema Selbermachen. Wir haben heute so viele Möglichkeiten, uns kreativ zu betätigen, und weil so viele Anleitungen im Internet suggerieren, dass alles schnell und einfach geht, probieren wir uns aus. Du findest im Internet Anleitungen, wie du die Brotboxen mit sternförmig ausgestochenem Obst füllen kannst, wie du die kreativsten Bastelideen aus Eierkartons umsetzt, gesunde Müsliriegel und Snacks selber backst oder individuelle Kinderkleidung nähst. Diese Fülle an Möglichkeiten setzt das Niveau hoch und bringt die Mütter in Verlegenheit, die niemals vorhatten, Brot zu backen und jahreszeitlich zu dekorieren. Auch hier gibt es (Konkurrenz-)Druck unter Müttern, und jede Selbermach-Aktion kostet Zeit, bedeutet Planung und Einkauf von Material oder Zutaten. Versuch dich frei zu machen von dem Gedanken, dass Mutterliebe mit Selbermachen zusammenhängt. Schau vor allem kritisch auf die Kindergeburtstagsvorbereitungen. Der Anspruch hat in den letzten Jahren immer mehr zugenommen. Deko, Kuchen, Einladungen – alles steht unter einem Motto, und das vorzubereiten ist viel Arbeit. Unnötigerweise bekommen die Gäste heute kleine Geschenke mit nach Hause. Werden wir uns klar darüber, dass nicht Kinder diese Erwartungen an einen Geburtstag haben, sondern wir Eltern. Solange eure Kinder noch klein sind, könntet ihr Kinder mit Eltern einladen, die ähnlich ticken wie ihr. Vielleicht habt ihr Glück, und es entstehen dabei richtige Freundschaften. Hier sind ein paar weitere Tipps von Müttern, die keine Lust mehr auf zeitintensive Partys hatten:

Ich verzichte zum Beispiel auf die Geschenke für die Kindergeburtstagsgäste. Es gibt Kuchen und Spiele und abends bestellen wir einfach Pizza. Wir wollen den Tag bewusst mit dem Geburtstagskind und seinen Gästen erleben und nicht nur in der Küche stehen.

Ich überlege momentan immer Folgendes: Möchte ich, dass meine Kinder ein perfekt sauberes Zuhause haben und einen perfekt dekorierten Themen-Kindergeburtstag, dafür aber ständig gestresste Eltern, die kaum Zeit haben? Oder ist es vielleicht wichtiger, dass die Eltern sich liebevoll und gelassen um sie kümmern können, dass gute Stimmung zu Hause herrscht und dafür das Bad dreckig ist? An was werden sich die Kinder später erinnern? An die schicke, saubere Küche oder an die schönen Nachmittage zusammen im

Wohnzimmer mit Zeit füreinander als Familie? Ich glaube, die Antwort ist einfach, wir müssen es uns nur ab und zu vor Augen führen. Auch ich arbeite noch daran.

Bevor wir also beginnen, die Arbeitslast mit unserem Partner gerechter zu teilen, können wir uns selbst mit unserer Mutterrolle auseinandersetzen. »Sich als unperfekte Mutter zu akzeptieren ist womöglich die größte Herausforderung beim Ballweiterspielen,[144] schreibt Tiffany Dufu, und genau das ist der Punkt: Ich möchte mich nicht mehr im Namen des Muttermythos aufopfern. Dies ist eine wichtige Erkenntnis für uns, um einen Teil der mentalen Last zu bewältigen. Den großen Rest schaffen Eltern gemeinsam.

EIGENE BEDÜRFNISSE ERKENNEN

Die mentale Last entsteht auch dadurch, dass wir viel zu wenig auf unsere eigenen Bedürfnisse achten und die der anderen in den Vordergrund stellen. Der Haushalt, der Job, vor allem die Kinder – alles hat immerzu Priorität vor dem eigenen Wunsch nach Ruhepausen und Erholung. Der kalt gewordene Kaffee ist das Sinnbild der gestressten Mutter, die zwar die Wäsche aufgehängt und die Kinder versorgt hat, aber niemals Zeit findet, um in Ruhe die Füße hochzulegen. Sich zu entspannen, selbst wenn das Chaos tobt, ist erlernbar! Es ist zwar immer leicht gesagt, man solle Entspannungstechniken wie Yoga, Autogenes Training, Progressive Muskelrelaxation oder Meditation anwenden, wenn der Berg an Arbeit riesig ist, aber ich kann dir aus Erfahrung sagen, dass es sich lohnt. Du wirst durch Übung immer besser im Abschalten, und was am Anfang unmöglich schien, nämlich die To-do-Listen zu vergessen, gelingt von Mal zu Mal besser. Probiere mal aus, was dir von diesen Techniken am besten hilft. Yoga-Übungen gibt es auf YouTube oder auf einigen spezialisierten Online-Yoga-Seiten, Meditation kannst du dir beispielsweise per App auf das Handy laden oder einen Volkshochschulkurs besuchen, und Progressive Muskelrelaxation klappt per CD oder Audio-Datei. Wusstest du, dass wir viel zu flach atmen, wenn wir gestresst sind? Du kannst deine Atmung bewusst vertiefen und damit zu mehr Ruhe kommen. Dabei atmest du für eine gewisse Zeitspanne regelmäßig tief in das Zwerchfell ein und wieder aus. »Beruhigt sich der Atem, verlangsamt das die Herzfrequenz, man wird generell ruhiger. So lässt sich der Körper austricksen«,[145] heißt es in einem Artikel über gezielte Atemtechniken. Darüber hinaus ist es erwiesen, dass es uns beruhigt und Stress reduziert, wenn wir länger aus- als einatmen. Hier setzt der Effekt nicht sofort ein, es dauert einige Wochen, bis diese Technik Wirkung zeigt. Aber deine Geduld wird sich lohnen.

Des Weiteren gibt es verschiedene Apps, die du zur Unterstützung nutzen kannst. Ist dir das zu aufwendig, oder bist du zu unruhig für solche Angebote, sind möglicherweise entspannende Tätigkeiten wie Spazierengehen, Gartenarbeit, Malen oder Handarbeit sinnvolle Alternativen.

ABSTAND VON DER FAMILIE

Es ist kein leichter Schritt, sich auch mal von der Verantwortung zu lösen, die du die ganze letzte Zeit für deine Familie übernommen hast. Denn selbst wenn wir für eine Weile von zu Hause weg sind, finden unsere Gedanken doch immer wieder den Weg zu den Kindern. »Geht es ihnen gut, sind sie versorgt und ist an alles gedacht?« Loslassen kannst du, wie die Entspannungstechniken, auch üben. Es ist befreiend zu erkennen, dass wir nicht nur Mutter oder Partnerin sind, sondern nach wie vor eine eigenständige Persönlichkeit haben. Das stärkt unser Selbstbewusstsein, und wir spüren für einen Moment die Freiheit wieder, das zu tun, was wir im Moment tun möchten. Je besser wir es schaffen, loszulassen und den Kopf frei zu kriegen, umso entspannter kehren wir dann zu unserer Familie zurück. Probiere es einfach in kleinen Schritten aus: Übernachte bei einer Freundin oder verbringe ein Wochenende in einer anderen Stadt, wenn das machbar ist. Lass dich von deiner Familie nur anrufen, wenn es etwas Wichtiges gibt, und versuche darauf zu vertrauen, dass es auch mal ohne dich geht. Wenn dir das schwerfällt, du aber gerne eine Auszeit hättest, hab Geduld mit dir und mache dir bewusst, dass es für dich genauso viel Übung bedeutet loszulassen wie für deinen Partner, den Familienalltag zu organisieren. Die Journalistin Alexandra Zykunov hat einen Deal mit ihrem Mann gemacht: Alle acht Wochen darf sich einer von beiden ein Wochenende lang eine Familienauszeit nehmen.[146] Das hilft ihr sehr dabei loszulassen, und mittlerweile gelingt es ihr sehr gut, ihrem Mann die Verantwortung für die Arbeit zu Hause zu übergeben. »Man konnte einfach nur für sich sein, seine Zeit genießen, Gedanken zu Ende denken. Ohne Ablenkung, weil etwas runterfällt oder ein Kind weint«,[147] formuliert sie das gute Gefühl dabei. Einmal bewusst Abstand von der Familie zu nehmen hat auch Juristin und Bloggerin Nina Strassner geholfen, wie sie mir erzählte: »Ich bin geflüchtet. Ich habe ganz bewusst über Tage Freundinnen weit weg besucht. Bin auf Konferenzen gefahren. Da war ich nicht ›Mama von‹ oder ›Frau von‹. Sondern ICH.« Ob du nun für ein paar Tage verreist oder einfach nur einen Nachmittag in einem Café verbringst, ohne ständig auf das Handy zu schauen, hängt von deinen Möglichkeiten und von deinen Bedürfnissen ab. Ich kann dich nur ermutigen, etwas Abstand von daheim zu gewinnen, denn das hilft dir, dich auf dich selbst zu besinnen und Vertrauen in die Kompetenzen deines Partners zu entwickeln.

VORSICHT MIT WHATSAPP, INSTAGRAM UND CO.

Auch soziale Medien können uns eine kleine Auszeit verschaffen. Sich inspirieren lassen, schöne Bilder anschauen oder am Leben anderer Familien teilnehmen lenkt ab und dient der Zerstreuung. Wir sind es mittlerweile gewohnt, laufend über das Internet zu kommunizieren und uns per Smartphone auszutauschen. Das setzt uns aber gleichzeitig unter Druck, denn wir sehen dabei in Gruppenchats oder in den sozialen Medien, was andere Mütter alles machen. Die eine backt die tollste Geburtstagstorte, die andere zeigt sich im hübsch eingerichteten Zuhause. Wir beobachten, wie andere Frauen scheinbar mühelos Beruf und Familie vereinbaren und dabei auch noch gut aussehen. All das sind Ausschnitte eines Lebens, und meist sind es die schönen und erfolgreichen Momente, über die gesprochen wird. Vieles ist inszeniert oder mit einem Fotofilter belegt, aber wir sitzen vor dem Bildschirm und fühlen uns unzureichend, weil bei uns nichts glitzert und glänzt. Frag dich mal, ob ein Teil des Drucks auch vom Vergleich mit anderen Frauen herrührt, die durch die sozialen Medien immer präsent sind. Hier kannst du ebenfalls ansetzen: Wenn du dich gerne mit WhatsApp, Instagram, Facebook und Co. beschäftigst, beschränke dich auf Menschen und Gruppen, die dir guttun.

Und verliere dich nicht darin. Soziale Medien sind ein absoluter Zeitkiller, die nicht einmal einer tiefen Entspannung dienen. Ständig meinen wir, viel zu wenig Zeit zu haben. Dabei ist es erschreckend, wie viele Stunden wir im Internet verbringen. Anstatt uns einen Moment in die Sonne zu setzen und durchzuatmen, scrollen wir uns durch verschiedene Profile, die ein schlechtes Gefühl hinterlassen, während die Zeit nur so verrinnt. Dazu kommt, dass sich viele Mütter in den Kommentarspalten gegenseitig an den Pranger stellen, weil sie unterschiedliche Ansichten über Erziehung und Mutterschaft haben. Du kannst übrigens in deinem Handy ein Zeitpensum für soziale Medien festlegen. So kannst du dich selbst kontrollieren, wenn dir das Ausschalten schwerfällt. Auch die vielen Benachrichtigungstöne kannst du ausschalten, denn sie lenken uns dauernd von dem ab, was wir gerade tun. Starker Handykonsum stört darüber hinaus übrigens auch die Konzentration, die Aufmerksamkeit und den Schlaf und besetzt Ressourcen im Hirn, die wir dringend für andere Dinge brauchen.[148] Gerade was den Mental Load betrifft, können wir mit bewusstem Smartphone-Konsum zumindest schon ein wenig Abhilfe schaffen.

Eine Mutter schrieb mir ihren Tipp, den Druck gering zu halten:

Nicht zu vielen Mama-Influencern folgen, die zwar immer beschwören, dass es bei ihnen auch chaotisch ist, und dann wieder Fotos vom perfekt gedeckten Kaffeetisch mit Oma und Opa posten oder vom toll arrangierten Kinderzimmer mit ausschließlich hochwertigen Holz-Spielzeugen. Sorry, ich habe halt kein passendes Tee-Service und auch nicht die Muße, ständig frische Blumen in eine Vase zu stellen (...). Ist ja toll, dass manche anscheinend so ein ästhetisches Leben haben, aber ich hab für mich akzeptiert, dass es bei uns halt nicht so ist.

Der kritische Konsum gilt auch für WhatsApp-Gruppen. Wenn dich die Diskussionen dort nerven, frag dich, ob du austreten kannst. Ich bin schon aus einer Klassengruppe ausgestiegen und habe über eine Nachbarin trotzdem die wichtigsten Informationen erhalten.

Das war nun eine ganze Menge an Inspirationen für dich, und ich hoffe sehr, dass sie Einfluss auf den hohen Anspruch haben, der an dich gerichtet wird. Vielleicht kannst du damit die mentale Last schon ein wenig verringern und es fällt dir später leichter, Verantwortung an deinen Partner zu übergeben. Wie das mit der neuen Verteilung von Care-Arbeit, Haushalt und Familien-Organisation klappen kann, erkläre ich euch im nächsten Kapitel.

ENDLICH TEAMWORK!

MIT DEM PARTNER REDEN

Den Mental Load zu teilen bedeutet im ersten Schritt, darüber zu reden. Anton und ich haben oft über unsere Arbeitsaufteilung gesprochen, allerdings führten wir dabei immer die Schulddiskussion und gingen nach dem gleichen destruktiven Schema vor: Ich äußerte meinen Unmut und machte ihm Vorwürfe, er schaute betreten, konnte den Kern meines Problems allerdings nicht nachvollziehen. Ich fühlte mich anschließend wie eine nervige Nörglerin und schämte mich, während Anton meine Worte als persönlichen Angriff empfand. Manchmal habe ich tagelang nichts gesagt, die mentale Last einfach ertragen und mit viel emotionaler Arbeit meine Wut wieder in den Griff bekommen. Aber schon bald entluden sich die versteckten Aggressionen, ich knallte meinem Mann erneut meine Wut an den Kopf, und der Streit ging von vorne los.

Wir Frauen zahlen oft besonders viel in den Topf ein. Wenn wir versuchen, das zu erklären, können manche Männer das als persönlichen Angriff empfinden, denn es klingt für sie, als wären sie schuld an all den unfairen gesellschaftlichen Bedingungen, mit denen sich Frauen konfrontiert sehen. Sie weisen dann auf sämtliche Aufgaben hin, die sie im Haushalt übernehmen (»ich kümmere mich um den

Garten und das Auto«, »ich helfe dir doch«), sprechen das Geld an, das sie für die Familie verdienen, oder ziehen Vergleiche mit anderen Männern, die sich in der Familie weniger engagieren als sie selbst. Ich erlebe das oft in Gesprächen mit Männern, die eigentlich sehr aufgeschlossen und tolerant sind. Sie rollen mit den Augen, wenn ich von Mental Load und den Folgen erzähle, denn sie möchten sich nicht mit der Wahrheit konfrontieren. Seine eigenen Privilegien anzuerkennen ist nicht so einfach, und manche Männer gehen dem Vorwurf aus dem Weg, dass sie weniger unbezahlte Sorgearbeit leisten. Auch deshalb fällt das Gespräch über Mental Load schwer, denn es legt ein System offen, das Frauen diskriminiert. Das Ausmaß der Sozialisierung und unseres stereotypen Verhaltens ist uns meist nicht bewusst, und wir denken, dass wir einen individuellen und persönlichen Konflikt führen. Dabei diskutieren Tausende von Paaren immer wieder über die gleichen strukturellen Probleme, die auf unsere Geschlechternormen zurückzuführen sind.

Wenn wir die mentale Last unseren Freundinnen erklären, begreifen sie auf der Stelle, worum es geht. Unser Partner aber kennt die mütterliche Gedankenwelt nicht, kann Schuldgefühle und Perfektionismus in Sachen Haushalt nur schwer nachvollziehen. Wie können wir also den Männern die Sache mit dem Mental Load am besten begreiflich machen? Damit sie verstehen, wie es uns geht, hilft es, von dem Druck zu erzählen, den wir als Mutter verspüren. Probier einmal, deinem Partner das Gefühl begreiflich zu machen, für alles verantwortlich zu sein, und warum du aus diesem Grund viele Aufgaben ungefragt übernimmst. Nimm dir Emmas Comic zu Hilfe! Geschichten üben Faszination auf uns Menschen aus, und Bilder transportieren Emotionen. Indem wir der Handlung folgen und miterleben, was die Figuren empfinden, stellen wir einen Bezug zu uns selbst her. Das geschieht dann viel nachhaltiger als mit dem erhobenen Zeigefinger.

Ich kann mir gut vorstellen, dass es dich nervt, dich nun auch noch um Kommunikationsstrategien zu kümmern. Es bedeutet noch einmal einen großen emotionalen Aufwand, Gefühlsarbeit und Fingerspitzengefühl, das Problem mit dem Mental Load zu erklären. Generell bin ich der Meinung, dass es nicht die Pflicht benachteiligter Menschen ist, sich um Lösungen zu bemühen. In diesem Fall aber geht es vor allem auch um die Beziehung zueinander. Mit einem mental belasteten Kopf darauf zu warten, dass der Partner den Ausweg findet, ist vermutlich sinnlos. Also beißen wir ein letztes Mal in den sauren Apfel und packen wir den Stier bei den Hörnern!

ZIELFÜHREND KOMMUNIZIEREN

Eine respektvolle Auseinandersetzung zu führen ist eine große Herausforderung, das zeigt sich vor allem bei einem Streit in einer Beziehung. Anhand des Kommunikationsmodells von Psychologe und Kommunikationswissenschaftler Friedemann Schulz von Thun erkennst du, wieso es so schnell zu Missverständnissen bei Konflikten kommt. Dabei lautet die Theorie, dass das Senden und Empfangen einer Nachricht immer auf vier Wegen geschieht:

- Sachinhalt: Darüber informiere ich dich.
- Beziehung: So stehe ich zu dir.
- Selbstoffenbarung: Das sage ich damit über mich.
- Appell: Das will ich von dir.[149]

Das Problem in der Kommunikation besteht laut Schulz von Thun oft darin, dass nur die Sachebene für Sender und Empfänger identisch ist, die anderen Teile allerdings verschieden gewichtet werden. Wenn du zu deinem Partner sagst, »Immer muss ich hier an alles denken!« informierst du ihn über eine Tatsache, aber dein Satz drückt gleichzeitig auch etwas über eure Beziehung aus. Eure

Beziehung zueinander ist durch deinen Vorwurf getrübt, denn du bist unzufrieden. Dass du wütend bist, ist eine Selbstoffenbarung, und der Satz enthält außerdem den Appell, dass auch dein Partner endlich einmal an Familientermine und Aufgaben denken möge. Nicht so einfach, das in einer emotionalen Situation alles auseinanderzuhalten, oder? Bei deinem Gesprächspartner kommt jedoch vermutlich lediglich der Sachverhalt an sowie die Information, dass du wütend bist. Konkrete Handlungsaufforderungen kann er in dieser allgemein gefassten Aussage nicht identifizieren und braucht dazu einen konkreteren Appell (»Bitte denk du von nun an daran, die Zahnpasta/sämtliche Badartikel/alle benötigten Dinge in der Drogerie zu besorgen«). Hast du dich gewundert, dass dein Partner sein Verhalten nie geändert hat, obwohl du deine Wut ständig äußertest? Das erinnert mich an einen Kommunikationsfehler, den Tiffany Dufu in ihrem Buch erwähnt. Sie nennt es »die Falle der imaginären Delegation«.[150] Weil wir wütend darüber sind, dass unser Partner nie daran denkt, neue Zahnpasta zu besorgen, besorgen wir auch keine mehr und sind am Ende noch wütender, weil der andere den unausgesprochenen Auftrag nicht ausgeführt hat und wir nun ohne Zahnpasta dastehen. Aus diesem Grund ist es so wichtig, das Problem offen zu klären und so zu kommunizieren, sodass die von Schulz von Thun definierten vier Botschaften auch verstanden werden. Wichtig ist an dieser Stelle für dich, dass du deine Überlastung ansprechen musst, ebenso deine Bedürfnisse und den konkreten Wunsch nach Veränderung.

Noch ein weiteres Kommunikationskonzept kann helfen, wenn du deine mentale Belastung verständlich erklären möchtest. Der US-amerikanische Soziologe John Gottmann hat vier Kommunikationssünden beschrieben: Kritik, Abwehr, Verachtung und Rückzug. Im folgenden Beispiel kannst du sie identifizieren, und ich wette, der Konflikt kommt dir bekannt vor:

Sie: »Du hast vergessen, nach den Ferientagen im Kindergarten zu fragen. Aber es ist dir ja auch egal, weil du einfach ins Büro gehst, wenn die Kinder Ferien haben, und mir die Betreuung überlässt.« (Kritik mit Schuldzuweisung und Anklage)
Er: »Du hast mir nicht gesagt, dass ich danach fragen soll. Außerdem kann ich mir nicht einfach jedes Mal freinehmen, wenn der Kindergarten zu hat.« (Abwehr mit Rechtfertigung, Konflikt wird aufrechterhalten)
Sie: »Ich habe den Urlaubskalender des Kindergartens immer ausgedruckt und im Ordner mit den Terminen abgelegt. Aber um so etwas hast du dich noch nie gekümmert!« (Verachtung und Geringschätzung)
Er: »Von einem Ordner weiß ich nichts. Wieso bist du schon wieder so gereizt?« (Mauern und Rückzug)

Auf diese Weise redet man aneinander vorbei. Keiner identifiziert das eigentliche Problem (die Verantwortung für die Kinderbetreuung in den Ferien), stattdessen beleidigt man sich und festigt den Eindruck, den man voneinander hat (sie weiß alles besser, er kümmert sich um nichts). Mögliche und konkrete Lösungen werden dagegen nicht diskutiert. Hier kommt ein Beispiel, wie das Gespräch mit einer Alternative zu den Kommunikationssünden von Anfang an besser geklappt hätte.

Sie: »Sag mal, wann sind eigentlich Kindergartenferien?«
Er: »Keine Ahnung. Habe ich noch nicht nachgefragt.«
Sie: »Ich habe den Zettel mit den Daten bisher immer ausgedruckt und abgeheftet, könntest du das bitte von nun an übernehmen, sodass ich nicht mehr daran denken muss?« (persönliche Wahrnehmung, Bitte formulieren)
Er: »Stimmt, darum müssen wir uns kümmern. Ich frage bei der Erzieherin nach. Zeig mir nur noch, wo der Ordner steht, dann hefte ich die Infos ab.« (Perspektive des anderen akzeptieren)

LF: *Haben Sie einen konkreten Tipp, wie Paare ein Gespräch beginnen können, in dem sie ihre akute Überforderung oder den Druck, unter dem sie stehen, ansprechen können?*

Dr. Mirriam Prieß: *Der aufrichtige Dialog ist Grundlage dafür, dass das Gespräch gelingen kann. Wenn Sie das Gespräch auf Grundlage der Dialogelemente führen und darauf achten, dass das Ich und Du im Gleichgewicht bleiben, haben Sie die beste Voraussetzung.*

Interesse: *Wer bist du in deiner Situation?*
Offenheit: *Ich höre dir zu und öffne mich dir in dem, wer du bist, was du fühlst, denkst und sagst.*
Empathie: *Ich fühle mich in dich hinein. Fühle, wie es dir geht in deiner Situation (und das kann ganz anders sein, als ich mich fühlen würde) und ich fühle mit dir mit (ganz wichtig – Empathie ist die Verbindung zwischen Ich und Du in jeder Beziehung und Grundlage für das Wir).*
Augenhöhe: *Ich begegne dir und dem, was du sagst, tust, denkst, fühlst geradlinig auf Augenhöhe. Ich überhöhe dich nicht, noch setze/werte ich dich herab.*
Wertschätzung/Respekt/Liebe: *Ich respektiere dich grundsätzlich in deiner Meinung – selbst wenn ich es anders sehe. Ich schätze dich als Menschen.*

Machen Sie sich die Liebe zu Ihrem Partner bewusst, die Sie beide verbindet. Jedes Gespräch, was von Liebe getragen wird, anstatt auf dem Boden von Kränkung stattzufinden, beinhaltet die Lösung.

- Für euer Gespräch braucht ihr Zeit und Ruhe. Sprich dein Problem am besten nicht zwischen Tür und Angel an! Verabredet euch lieber in angenehmer und entspannter Atmosphäre ohne die Anwesenheit der Kinder.
- Um dein Mental-Load-Problem zu erklären, kannst du dir den Comic von Emma oder Textauszüge aus einem Buch über Mental Load zu Hilfe nehmen (Gemma Hartley, Tiffany Dufu, Eve Rodsky oder dieses hier).
- Wenn du mit deinem Partner sprichst, wird er dich am besten verstehen, wenn du deine Situation schilderst und von deinen Gefühlen erzählst, ohne zunächst auf ihn und seinen Anteil am Problem einzugehen. Schau dir vor dem Gespräch noch einmal die beiden Kommunikationskonzepte an.
- Erkläre deinem Partner, welche Vorteile es für ihn hat, wenn ihr den Mental Load teilt, denn deine Belastung und deine Unzufriedenheit hatten in der Vergangenheit Einfluss auf ihn, die Stimmung in der Familie und auf eure Beziehung.
- Wenn dir das Reden schwerfällt, schreib deinem Partner einen Brief.

MENTAL LOAD SICHTBAR MACHEN

Damit unser Familienleben so reibungslos wie möglich funktioniert, müssen wir Eltern Verantwortung für verschiedene Bereiche übernehmen. Wir müssen Geld verdienen (finanzielle Verantwortung), uns um die Kinder und den Haushalt kümmern (Care-Arbeit) und den Tagesablauf möglichst effizient organisieren (Familien-Organisation). Diese Verantwortung muss untereinander aufgeteilt werden. Ist einer der Eltern nicht zufrieden mit dem Stand der Dinge, sollte das geklärt und die Arbeit im Rahmen der Möglichkeiten umverteilt werden. Logisch, oder?

Um zu verstehen, was Care-Arbeit und Familien-Organisation bedeuten, muss man sie einmal selbst allein übernommen haben. Denn erst dann wird klar, dass sich einzelne Aufgaben aus vielen Schritten zusammensetzen, wie zum Beispiel der Punkt Mittagessen. Der besteht aus Speiseplanung, Vorräte überprüfen, Einkaufszettel schreiben, einkaufen gehen, Zutaten vorbereiten, zubereiten, Tisch decken, Essen servieren, abräumen und aufräumen. Wie machen wir also sichtbar, was es alles zu tun gibt? Als ersten Schritt nimmst du dir einen Block mit Haftzetteln und einen Stift und steckst alles in die Hosentasche. Ein paar Tage lang schreibst du auf, was dir an Erledigungen und Aufgaben in den Sinn kommt, und klebst all die Zettel an eine Wand.

In der Studie der Unternehmensberatung Boston Consulting Group zum Thema Mental Load wurde eine Regel der Arbeitswelt erklärt: Nur das, was gemessen wird, lässt sich auch verändern. Deshalb ist es so wichtig, den genauen Umfang der Care-Arbeit und der Familien-Organisation aufzuzeigen. Sich um all die Dinge zu kümmern beinhaltet das Dreigespann aus Konzeption, Planung und Ausführung, wie Eve Rodsky erklärt.[151] Mental Load entsteht aus dem Problem heraus, an die Aufgabe denken zu müssen, sie also zu konzeptionieren und zu planen. Das ist der Großteil des mentalen und emotionalen Gewichts.[152]

Ich wette, du wirst überrascht sein, was du alles den ganzen Tag über tust, wenn du den Trick mit den Haftzetteln anwendest. Nachdem die Wand voller beschrifteter Zettel ist, könnt ihr euch gemeinsam davorstellen und staunen. Der Anblick der vielen Aufgaben ist beeindruckend und wird auch deinem Partner vor Augen führen, was du alles im Kopf behältst. An dieser Stelle könnt ihr einmal darüber sprechen, welche Aufgaben eliminiert oder vereinfacht werden können. Ab jetzt organisiert und plant ihr gemeinsam. Zum Beispiel könnt ihr die Aufgaben, die auf den Zetteln stehen, nach Kategorien sortieren und habt so einen besseren Überblick. Auf der folgenden Seite findest du einen Vorschlag für die einzelnen Kategorien der drei Rubriken Haushalt, Fürsorge und Familien-Organisation.

DIE ULTIMATIVE STEUERBOARD-LISTE

Teilt alle Aufgaben in Kategorien auf. Am besten eignet sich eine Excel-Tabelle. Ich habe für euch schon einmal vorgearbeitet und die ultimative Steuerboard-Liste erstellt. Dafür habe ich andere Mütter dazu aufgerufen, sämtliche Aufgaben zusammenzutragen, die in einer Familie anfallen, und sie alle anschließend in einer Excel-Tabelle sortiert. Anton und ich haben in Gemeinschaftsarbeit alle Aufgaben

Care-Arbeit und Familien-Organisation

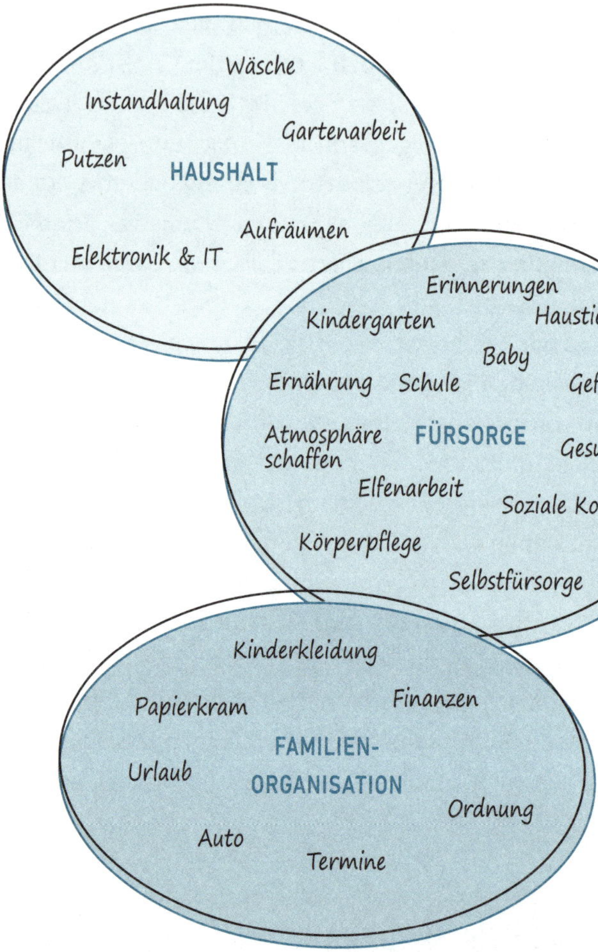

unter die drei Rubriken Haushalt, Fürsorge und Familien-Organisation und in Kategorien wie in der obigen Abbildung sortiert sowie die Dauer von Konzeption, Planung und Ausführung eingeschätzt. Die Tabelle könnt ihr auf meinem Blog unter www.heuteistmusik.de herunterladen und an eure Familienbedürfnisse anpassen. Besprecht miteinander, wer welche Aufgaben künftig übernimmt, und notiert die zuständige Person in der entsprechenden Spalte. Genial ist die Auswertungsfunktion: Hier könnt ihr mit einem Klick nachschauen, wer wie viel Care-Arbeit und Familien-Organisation macht und habt direkt einen Überblick über die Verteilung. In der ultimativen Steuerboard-Liste könnt ihr über die Funktion »Details« alle Aufgaben einmal genau definieren und wisst so immer Bescheid, auf welche Weise eine Aufgabe korrekt erfüllt ist.

Ein weiteres Ergebnis der Unternehmensberatung war, dass Frauen oft Aufgaben übernehmen, die jeden Tag anfallen und nicht verschoben werden können. Meist sind sie es, die von der Arbeit nach Hause eilen, um das Essen zu machen, kranke Kinder von der Schule zu holen und mit ihnen zum Arzt zu fahren. Stress entsteht dann, wenn es eilt. Habt also ein Auge auf die Verteilung von dringlichen Alltagsaufgaben. Ihr könnt sie euch in der Steuerboard-Liste herausfiltern, denn das sind alle Aufgaben, die täglich anfallen. Außerdem lassen sich Aufgaben herausfiltern, die nicht ortsgebunden sind. Ist einer von euch auf Dienstreise oder den ganzen Tag nicht zu Hause, seht ihr, was auch auf einer Zugfahrt oder vom Hotel aus erledigt werden kann. Diese Steuerboard-Liste ist eure Basis und gleichzeitig eine Art Bedienungsanleitung für euren Familienalltag. Im besten Fall ist hier alles so detailreich beschrieben, dass einer von euch im Notfall das Familienschiff alleine steuern kann. Die Liste ist allerdings so umfangreich, dass sie für den täglichen Gebrauch zu unübersichtlich wird. Handwerkszeug für die tägliche Alltagsorganisation stelle ich euch im nächsten Kapitel vor.

STANDARDS FESTLEGEN

Aufgaben im Haushalt werden oft auf unterschiedliche Arten ausgeführt. Der eine versteht unter »Küchenspüle putzen« einmal mit Wasser durchspülen, der andere nimmt Lappen und Putzmittel und poliert fünf Minuten, bis alles glänzt. Der eine findet es in Ordnung, beim Punkt »nachmittags auf Kinder aufpassen« den Fernseher anzuschalten, der andere bastelt, spielt und beschäftigt sich mit den Kindern. Daher ist es wichtig, gemeinsame Standards abzusprechen. Ihr könnt sie in der Steuerboard-Liste unter dem Blatt »Details« definieren oder sie auf andere Art und Weise festhalten.

Mich hat ein Aspekt oft extrem gestresst: Wenn ich übers Wochenende Freundinnen besuchte oder beruflich unterwegs war, befürchtete ich, dass mich zu Hause Chaos erwarten würde. Kam ich abends zurück, herrschte jedenfalls mehr Unordnung, als ich es gewohnt war. Jedes Mal, wenn ich das beanstandete, warf mein Mann mir vor, dass ich mich unnötigerweise beschweren würde, immerhin habe er das Wochenende mit den Kindern gestemmt.

Wenn ihr also ein ähnliches Problem habt, könnt ihr gemeinsame Standards festlegen, sodass der, der nach Hause kommt, keinen Berg an Aufgaben abtragen muss. Dazu gehört natürlich auch, zu hohe Ansprüche herunterzuschrauben. Was ist schon so schlimm daran, wenn die Ausflugs-Rucksäcke noch im Flur rumstehen, wenn dafür das Wohnzimmer begehbar und aufgeräumt ist? Dem anderen Abstand von der Familie zu ermöglichen ist wichtig. Aber damit das klappt, muss sich der Partner oder die Partnerin ganz schön reinhängen und hat dafür auch Dank verdient.

Es funktioniert im Alltag gut, bestimmte Verantwortungsbereiche festzulegen, zum Beispiel bei der Wäsche. Der eine übernimmt die Kontrolle über die Wäscheberge und sorgt dafür, dass sie regelmäßig abgearbeitet werden. Der andere kümmert sich zum Beispiel um das Planen und Kochen der Mahlzeiten. Ihr könnt auch die Angelegenheiten der Kinder aufteilen. Bei uns ist mein Mann für alle Belange verantwortlich, die den Kindergarten betreffen. Er ist Mitglied in der WhatsApp-Gruppe, organisiert Buffetbeiträge beim Kinderfest, hat die Ferien im Blick und kümmert sich um Wechselkleidung. Wenn Termine stattfinden, bei denen er nicht da ist, klärt er mit mir ab, ob ich einspringen kann. Ich verantworte dafür alle

Schulangelegenheiten, und so kommen wir uns nicht in die Quere. Manche Aufgaben verteilen wir bei unserem sonntäglichen Küchenmeeting (dazu später mehr) jede Woche neu und haben dafür nach dem Vorbild von Eve Rodskys *Fair Play* Spielkarten umfunktioniert. Auf einer Karte steht beispielsweise »Brotdienst« und beinhaltet, eine Woche lang dafür verantwortlich zu sein, dass immer genug Brot da ist. Die Karten haben Kategorien wie Elfenarbeit, Ernährung oder Gesundheit. Aufgaben, die an einen Zeitpunkt gebunden sind und täglich anfallen, sind mit einem »Achtung-Schild« gekennzeichnet. So können wir darauf achten, dass der stressige Alltagstrott nicht nur von einer Person erledigt wird. Den Alltagstrott findet ihr in der Steuerboard-Vorlage, wenn ihr die Aufgaben nach »täglich« filtert. Wenn ihr Spiele-Fans seid, ist Eves Idee mit dem Kartenset möglicherweise eine gute Alternative für euch.

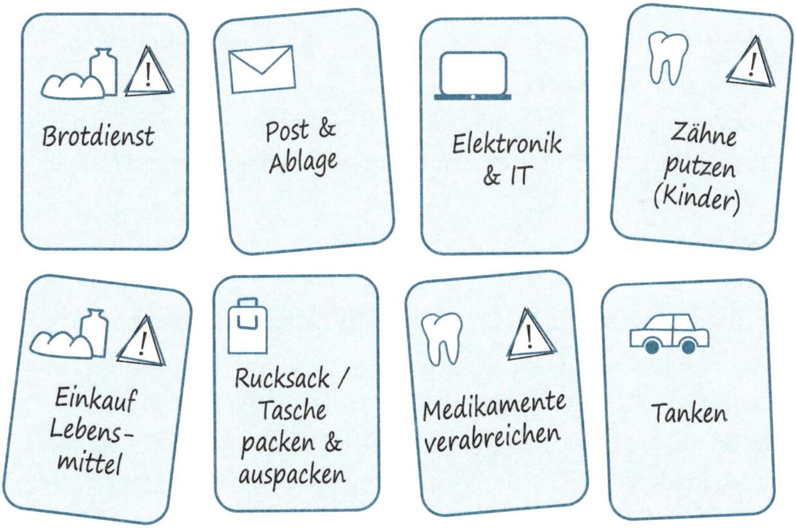

Wenn ihr euch über gemeinsame Standards nicht einig werden könnt, unterhaltet euch erst einmal darüber, was euch wichtig ist. Jetzt ist ein guter Moment, um über die gemeinsamen Werte zu reden und über das, was für euch zählt. Was ist der wesentliche Zweck eurer Mühe bei der Arbeit zu Hause? Trefft euch am besten zwischen Perfektion und Nachlässigkeit und habt euer beider Bedürfnisse vor Augen.

Manchmal sind wir Frauen vorschnell in unserem Urteil. Auf Instagram schrieb mir Isabel, die erst skeptisch war, weil ihr Mann sich Zeit ließ mit seinen Erledigungen. Hinterher erkannte sie, dass er sich gekümmert hatte, wenn auch in seinem Tempo.

Der Kindergarten war wegen Fortbildung geschlossen. Mein Mann ist mit unserem Sohn zu Hause geblieben, ich war arbeiten, er hat ein bisschen von zu Hause aus gearbeitet. Eingekauft habe ich dann dennoch auf dem Nachhauseweg. Als ich wiederkam, war die Spülmaschine nicht ausgeräumt, die ganze Küche mit Geschirr voll, Müll nicht in den Keller gebracht, keine Ladung in die Waschmaschine gesteckt. Dazu hätte ich mich irgendwie verpflichtet gefühlt, wenn ich doch »den ganzen Tag zu Hause war« (…). Immerhin hat er sich dann noch um Müll, Spülmaschine und Geschirr gekümmert, als ich wieder da war (ohne, dass ich was gesagt habe).

PRIORISIEREN LERNEN UND AUFGABEN REDUZIEREN

Was wäre schlimmer, als eine Mutter, die mit der Care-Arbeit überlastet ist? Ein gleichermaßen überlastetes Elternpaar! Also ist es für euch beide wichtig, Aufgaben zu priorisieren und einige zu streichen oder zu delegieren. Wenn wir uns darüber im Klaren sind, dass die Arbeit zu Hause nie aufhört und es unnötig ist, einen perfekten Haushalt wie in den Fünfzigerjahren zu führen, fällt es leichter, Aufgaben zu reduzieren. Übrigens neigen wir dazu, unsere To-do-Listen zu voll zu schreiben. Wirf mal einen Blick auf deine aktuelle Liste und schreib die Zeit dahinter, die du schätzungsweise für jede

Aufgabe brauchst. Ich wette, du hast deine vorhandene Zeit hemmungslos überschätzt. Das führt dann dazu, dass du abends betrübt bist, weil du nicht einmal die Hälfte geschafft hast. Dabei wäre das Pensum sowieso nicht machbar gewesen, und der Frust darüber ist völlig unnötig. Weil uns das oft so schwerfällt, habe ich einen Tipp für euch, den ihr anwenden könnt, wenn sich die Familienaufgaben türmen. Es handelt sich um das sogenannte Eisenhower-Prinzip:

Zeichnet ein Quadrat und unterteilt es in vier gleich große Quadrate (siehe auch nachfolgende Abbildung). Schreibt neben das linke untere Kästchen »nicht dringend«, neben das linke obere »dringend«. Über das linke obere Kästchen schreibt ihr »wichtig«, über das rechte obere Kästchen »nicht wichtig«. Jedes Kästchen bekommt eine Farbe. Nun nehmt ihr euch die Aufgabenliste vor und markiert die einzelnen Aufgaben farbig nach den Kriterien wichtig/dringend, wichtig/nicht dringend, nicht wichtig/dringend, nicht wichtig/nicht dringend. Alle wichtigen und dringenden Punkte plant ihr für die Woche ein, schaut noch, was ihr von der Kategorie dringend/unwichtig reinpacken könnt und schiebt alles andere eine Woche weiter. Die unwichtigen und nicht dringenden Punkte unterzieht ihr einer kritischen Betrachtung und streicht so viele wie möglich. Einige Aufgaben, die noch auf dem Papier stehen, könnt ihr eventuell auslagern, Verwandte und Freunde um Hilfe bitten oder eine Dienstleistung in Anspruch nehmen. Wäre es möglich, euch ein paar Einkäufe mit Nachbarn zu teilen, sodass ihr nur halb so oft in den Drogeriemarkt fahren müsst, um Windeln zu kaufen? Habt ihr Freunde, Paten der Kinder oder Bekannte, die gerne einen Gefallen tun und euch bei Kindergeburtstagen unterstützen, als Babysitter einspringen oder ein Kind regelmäßig zum Turnen begleiten? Wechselt euch mit anderen Eltern bei Fahrdiensten für Kinder ab, auch das spart Zeit. Lasst euch von Großeltern Dienstleistungen zu Weihnachten oder zum Geburtstag schenken: einmal im Jahr Fensterputzen, Gutscheine für einen Lieferservice oder ein Gemüsekisten-Abo.

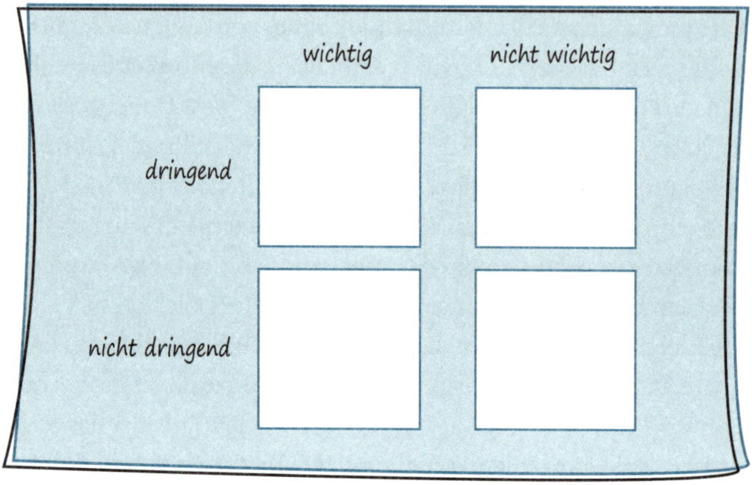

Wie schafft ihr es außerdem, überflüssige Aufgaben im Haushalt, der Kinderbetreuung und der Familien-Organisation zu identifizieren? Fragt euch einmal, was euch für eure Familie wichtig ist und benennt die wichtigsten Leitlinien eurer Erziehung. Es gibt grundlegende Bedürfnisse wie Gesundheit, dass alle Familienmitglieder dem Wetter entsprechend angezogen sind, ihr genug zu essen habt und wisst, dass es ein offenes Ohr für Probleme, Sorgen und Nöte gibt. Aber einige zeitlich intensive Verpflichtungen lassen sich einsparen.

Nathalie Klüver hat in ihrem Buch *Afterwork Family* einen Fragekatalog erstellt, mit dem ihr eure Familientermine kritisch betrachten könnt:

- Um welche Termine kommt ihr nicht herum?
- Was ist verzichtbar?
- Was wird aus Leidenschaft gemacht?
- Welche Termine kann man auslagern?[153]

Auch wir haben uns einige solcher Fragen gestellt. Welche Erledigungen sind uns wichtig, weil sie den Kindern so viel Freude bringen? Wie viel Aufwand möchten wir mit dem Kochen und Backen betreiben, ohne dass es für uns zu stressig wird? Bei welchen DIY-Projekten für die Kinder wollen wir künftig Abstriche machen? Eine Schultüte basteln können wir beim nächsten Mal an die Patentante auslagern, wir brauchen keine drei Adventskalender, sondern würden von nun an einfach einen für alle Kinder machen, und eine ordentliche Ration Tiefkühlpizza und Fischstäbchen im Vorrat ersparen uns viel Stress.

An Tagen, an denen etwas Dringendes dazwischenkommt, einer von euch krank wird oder etwas anderes Unvorhergesehenes passiert, nehmt euch alle Aufgaben vor, die zu tun wären, schreibt die wichtigsten und dringendsten drei Punkte auf einen Zettel und konzentriert euch ausschließlich auf deren Erledigung. Ich habe den Trick mit den »heißen Drei« vom Blog Ohhhmhhh.[154]

Außerdem kann ich dir persönlich empfehlen, neue Aufgaben nicht sofort anzunehmen, die von außen an dich herangetragen werden. Wie oft habe ich der Bitte einer Lehrerin zu schnell nachgegeben. Oder ich sagte schließlich doch zu, das Elternsprecheramt zu übernehmen (die Streberhand, du weißt schon!). Ein Trick hilft: Wendet sich jemand mit einer Bitte um Unterstützung an dich, sag, dass du darüber nachdenkst und dich dann meldest. Geh in Gedanken durch, ob du die neue Aufgabe wirklich übernehmen kannst, und denk an die mentale Belastung, die dadurch entsteht. Manche Dinge müssen wir einfach absagen, zu unseren Gunsten und zum Wohl der Familie.

Weitere Organisationshacks für euch:

- Wer sich nicht merken kann, wie die Waschmaschine funktioniert, kann sich ein Video machen. Filmt dafür mit eurem Smartphone, welche Programme und welches Waschmittel für die verschiedenen Kleidungsstücke infrage kommen. Gleiches gilt für das Ordnungssystem für die Kinderkleidung, die Finanzunterlagen oder die Funktion des DVD-Spielers. Wer sich nur darauf verlässt, dass der andere alles im Kopf hat, übernimmt nicht ausreichend Verantwortung.

- Besprecht gemeinsam, wo ihr Handy, Schlüssel, Geldbeutel und all diesen Kram ablegt. Oft gibt es einen in der Familie, der immer alles findet. Diese Rolle zu übernehmen, kann mental belasten, denn alle anderen ruhen sich darauf aus, dass er/sie schon Bescheid weiß. Gleiches gilt für Termine, Geburtstage und Kindergrößen. Schnappt euch einen Ordner und haltet solche Infos aktuell. Dort hat jeder Zugriff.

FAIRE AUFTEILUNG

Ist es nun das Ziel, dass beide Eltern alle Aufgaben zur Hälfte aufteilen? Nein, eure Aufteilung ist natürlich eine individuelle Angelegenheit, und was gerecht ist, bestimmt ihr. Die Soziologin Arlie Russell Hochschild hat darauf hingewiesen, dass emotionale Arbeit immer dann zum Problem wird, wenn sie belastet. Wie belastend der Mental Load für Mütter (oder Väter) ist, hängt deshalb vom subjektiven Empfinden ab. Außerdem spielt natürlich eine Rolle, wie sich Eltern unbezahlte Care-Arbeit und bezahlte Erwerbsarbeit aufteilen. Problematisch ist es für Frauen vor allem dann, wenn sie viel mehr Care-Arbeit machen, obwohl sie zusätzlich erwerbstätig sind. Genauso schwierig kann es werden, wenn Frauen die gesamte Care-Arbeit und die Familien-Organisation erledigen, weil sie ja »nur zu Hause sind«. Wenn nur einer von beiden in Vollzeit erwerbstätig ist, kann er zwar nicht jeden Tag die Hausaufgaben der Kinder beaufsichtigen oder das Mittagessen machen. Aber wie wäre es, dafür den Wochenendausflug zu planen, regelmäßig die Regenkleidung für die Kinder zu warten oder sich um den nächsten Urlaub zu kümmern? Manchmal reicht es schon aus, wenn ein paar Dinge aus dem eigenen Verantwortungsbereich wegfallen.

Welche Schlüsse ihr für euch zieht und wie die Aufteilung erfolgen soll, ist eure eigene Entscheidung. Mich hat die mentale Belastung auch deshalb so geschlaucht, weil ich sehr gerne berufstätig bin und es genieße, zur Abwechslung einmal nicht für Haushalt und Kinderbetreuung verantwortlich zu sein. Ich bin außerdem viel geduldiger mit meinen Kindern, wenn ich sie eine Weile nicht sehe, weil ich dann mit frischer Kraft zu ihnen zurückkomme. Seht euer Gespräch auch als einen Plan für die Zukunft. Wie möchtet ihr euer Leben in den nächsten Jahren gestalten? Möchte einer von euch beiden mehr Zeit mit den Kindern verbringen? Ist es finanziell machbar, die Arbeitszeit zu reduzieren, oder hat einer vor, sich beruflich weiterzuentwickeln? Nicht immer können sich Eltern den Umfang ihrer Erwerbstätigkeit aussuchen, und für viele Paare ist es völlig in Ordnung, wenn die Aufgaben schwerpunktmäßig verteilt sind. Ich kenne viele Frauen im Bekanntenkreis, die Care-Arbeit sehr gerne machen und, sofern sie die Wahl haben, lieber in Teilzeit arbeiten und nachmittags die Zeit mit den Kindern verbringen. Aber sicherlich gibt es auch viele Väter, die sich eine solche Aufteilung wünschen. Sprecht über langfristige Ziele, die im Rahmen eurer Möglichkeiten liegen. Die Erkenntnis, dass nicht nur die Mutter für die Kinder zuständig ist, sondern sich Väter ebenso gut kümmern können, eröffnet für Eltern ganz neue Wege.

ZEIT IST GLEICHWERTIG

Die Fürsorge für ein Kind, das nicht in die Kita oder in die Schule geht, ist ein Vollzeitjob, sagt Bloggerin Johanna Lücke, die für die Initiative Equal Care Day einen Mental-Load-Selbsttest für Eltern erstellt hat. Denn während der erwerbstätige Elternteil nach einem Achtstundentag nach Hause kommt und mit der Arbeit »fertig« ist, geht der Job des anderen Elternteils noch weiter, mit einem Baby sogar bis in die Nacht.[155] Wer dann noch für alle anderen Aspekte des Familienlebens verantwortlich ist, ist verständlicherweise am Ende der Kräfte. Aus diesem Grund ist es auch einem Vollzeitbeschäftigten durchaus zumutbar, einen Teil der unbezahlten Arbeit zu übernehmen. Das klappt sogar, wenn einer von beiden auf einer Geschäftsreise ist oder zeitweise an einem anderen Ort lebt, wie Tiffany Dufus Mann beweist, der auf einem anderen Kontinent lebte. Das Paar besprach sich einmal pro Woche per Skype, und Ehemann Kojo übernahm Aufgaben, die sich auch online erledigen ließen, wie die Buchung eines Handwerkers oder die Planung des Kindergeburtstags. In der ultimativen Steuerboard-Tabelle sind Aufgaben, die nicht von zu Hause aus erledigt werden müssen, farblich gekennzeichnet. Ihr könnt sie euch über die Auswertung herausfiltern, falls einer von euch eine Zeit lang verreist. Die Tabelle könnt ihr in einer Cloud abspeichern, sodass ihr immer Zugriff habt.

Eine der Regeln von Eve Rodsky für die faire Verteilung der Care-Arbeit heißt, dass die Zeit, die ihr als Eltern habt, gleichwertig ist, auch wenn einer von euch einen (höheren) Stundenlohn bezieht. Es gibt keinen Grund, einen Feierabend nach einem Achtstundentag im Büro ernster zu nehmen als einen Feierabend nach vielen Stunden mit Babygeschrei und Haushaltspflichten. Teilzeitjobs sollten außerdem nicht zusätzlich geringschätzt werden, indem der Vollzeitarbeitnehmer nie die kranken Kinder betreut oder nicht einmal auf die Idee kommt, die gesammelten Überstunden abzufeiern und sich einmal ausgiebig um die Kinder oder die Schmutzwäsche zu kümmern. Reduziert arbeiten bedeutet, weniger Rente zu bekommen und bisher leider oft schlechtere Aufstiegschancen zu haben. Ich finde, gerade aus diesem Grund hat ein Teilzeitjob besonders viel Aufmerksamkeit verdient.

KINDER EINBEZIEHEN

Manchmal sind die naheliegenden Lösungen am schwersten zu erkennen. Mir fällt oft auf, dass wir aus Bequemlichkeit die Kinder bei der Arbeit im Haushalt zu wenig einbeziehen. Dabei sind sie, wie wir, Teil der Familie, Bewohner unseres Zuhauses und damit auch verantwortlich für Aufgaben, die anfallen. Selbstverständlich ist das eine Frage des Alters der Kinder, aber vor allem ist es eine Gewohnheitssache. Wenn es bei euch noch nicht der Fall ist, besprecht mit den Kindern, welche Haushaltstätigkeiten sie übernehmen können, bezieht sie ein in tägliche Aufgaben wie Tisch decken, aufräumen, saugen, die Spülmaschine einräumen, und bringt ihnen schrittweise bei, wie sie Wäsche waschen, kochen und putzen können. Das nimmt euch nicht nur Arbeit ab, sondern fördert auch die Selbstverständlichkeit, mit der sie Anteil nehmen an Care-Arbeit, Familien-Organisation und Haushaltstätigkeiten. Bringt ihnen bei, ihre Rucksäcke zu packen und auszuräumen, Kleidung aufzuhängen, wegzuräumen oder in die Wäsche zu sortieren. Achtet darauf, dass die regelmäßige Erinnerung an ihre Pflichten nicht nur die Sache eines Elternteils ist. Denn aus Erfahrung weiß ich, dass man Kinder erinnern muss. Bei uns sind Diskussionen um Spülmaschinen-Dienst und Brotdosen-Rückgabe ein Teil der Elternaufgaben.

WAS WIR VONEINANDER LERNEN

Oft gehen Anton und ich die Aufgaben unterschiedlich an. Anders ist nicht gleich schlechter, und je mehr Lösungsansätze vorhanden sind, desto schneller finden wir den besten Weg. Anton hat sich neulich die fehlende Arbeitsfläche in der Wäschekammer angeschaut, ist in den Baumarkt gefahren und hat ein Holzbrett über der Waschmaschine montiert, auf dem er jetzt die Wäsche falten kann. Wir wissen es zu schätzen, dass wir den täglichen Herausforderungen unterschiedlich begegnen. Ich kann das Kleinteilige gut, bin ordentlich und akribisch, mein Mann sieht das große Ganze und behält den Überblick und die Nerven.

Während ich ständig aufräume und ganz unruhig bin, weil es immer etwas zu tun gibt, hat Anton ein anderes System. Er nimmt sich die Zeit, um auszuruhen, und räumt lieber einmal am Tag gründlich auf als ständig ein bisschen. Als ich den Grund für meine innere Unruhe erkannt habe, konnte ich mir seine Arbeitsweise abschauen und mir endlich Pausen zugestehen. Ich habe außerdem gelernt, geduldiger zu sein. Am Anfang habe ich ihn oft gefragt, ob er den Urlaub wie vereinbart gebucht oder den Arzt bereits um den Überweisungsschein gebeten hat. Dabei ging ich immer von meinem Tempo aus. Ich bin übereifrig und strebsam, Anton dagegen entspannt und nachlässig. Aber wenn ihm etwas durchrutscht, übernimmt er Verantwortung und trägt die Konsequenzen. Nach und nach hat er sich sein eigenes System aufgebaut, sich an all die Dinge zu erinnern, und ich weiß, dass ich mich hundertprozentig auf ihn verlassen kann. Geht etwas schief, bügelt er es wieder aus.

Letztes Jahr vergaßen wir, uns um Nikolausgeschenke für die Kinder zu kümmern. Am Abend des fünften Dezembers löste Anton kurzerhand das Problem und kaufte im Supermarkt Schokolade, ein kleines Spielzeug, ein Buch und ein Fußballheft. Für gewöhnlich denke ich lange darüber nach, was ich den Kindern schenken kann. Das kostet mich Denkkraft und Kreativität, ist gleichzeitig für mich aber auch ein Zeichen der Fürsorge. Fürsorge hieß in diesem Fall jedoch, das Beste aus dieser Situation zu machen. Die vielfältigen Wege, Herausforderungen im Alltag mit Kindern zu meistern, sollten wir uns zunutze machen. Daher will ich auch dir raten, dich auf neue Wege einzulassen.

Nicht nur das Sichtbarmachen und das Umverteilen all der einzelnen Aufgaben kann helfen, sich stückweise von der mentalen Last zu befreien, sondern auch die Botschaft nach außen, dass nicht nur die Frau für die Familienangelegenheiten zuständig ist. Folgende Sätze könntest du ab jetzt öfter sagen:

- Dafür ist mein Mann/mein Partner zuständig.
- Leider habe ich dafür gerade keine Zeit.
- Ich brauche Unterstützung!
- Ich muss das nicht alles schaffen.
- Frag mal meinen Mann/Partner, der weiß das!

MIT HANDWERKSZEUG DIE FAMILIE MANAGEN

Beim Projektmanagement im Büro sind immer mehrere Menschen beteiligt. Dafür gibt es Organisationstools, Meetings, Ablaufpläne und Werkzeuge, die sich im Arbeitsalltag etabliert haben. Zu Hause ist oft nichts davon vorhanden, und so führt die Menge an Arbeit dazu, dass wir den Überblick verlieren und das Gefühl der Überlastung entsteht. Der erste Schritt ist, die Familienaufgaben als richtige Arbeit zu deklarieren, der zweite, sich das passende Handwerkszeug zu suchen. Nun zeige ich euch, wie ihr die Aufgabenverteilung im Alltag konkret umsetzen könnt. Ihr könnt das Handwerkszeug in Kombination mit dem Excel-Steuerboard verwenden oder unabhängig davon. Probiert mal aus, was für euch funktioniert und was sich langfristig bewährt. Verändert euer System, wenn es zu kompliziert ist, denn ich habe die Erfahrung gemacht, dass Organisation nicht zu viel Zeit in Anspruch nehmen darf. Für manche Paare bewährt sich ein Zusammenspiel aus Smartphone und analogen Methoden wie dem Shopfloor Board, andere möchten alles online organisieren.

Garantiert wirst du auf Kritiker stoßen, die finden, dass Projektmanagement in einer Beziehung oder in einer Familie nichts verloren habe und es unromantisch sei, gemeinsam Excel-Tabellen auszufüllen. Geh davon aus, dass diese Person sich noch nie dafür verantwortlich gefühlt hat, Flüssigseife aufzufüllen und passende Turnschläppchen für das Kind zu besorgen. Kritik an unserem Handwerkszeug beruht auf der Annahme, dass sich schon jemand anderes kümmern wird, und nichts finde ich unromantischer als diese Einstellung. Was ich dagegen romantisch finde: wenn Anton und ich die Arbeit teilen und wir anschließend den Kopf frei haben für uns beide.

ANALOG: DIE SHOPFLOOR-METHODE

Neue Organisationssysteme im Haushalt zu etablieren klingt zunächst nach viel zusätzlicher Arbeit. Aber sie rentiert sich auf die Dauer, versprochen! Folgende Methode kommt aus der Autoindustrie, bei der die einzelnen Arbeitsschritte auf dem Fußboden notiert wurden. Shopfloor ist auch unter dem Namen Kanban bekannt. Ihr könnt sie in Verbindung mit der Steuerboard-Tabelle verwenden, um die einzelnen Aufgaben jede Woche übersichtlich zu verteilen.

Nehmt eine Pinnwand, ein Whiteboard oder eine Spanplatte, die ihr mit Packpapier überzieht. Nun überlegt ihr euch verschiedene Kategorien mit Tätigkeitsfeldern bei euch zu Hause oder übernehmt die Kategorien aus der Steuerboard-Tabelle.

Nun zeichnet ihr auf das Packpapier eine Tabelle mit vier Spalten und der Anzahl an Zeilen, wie Kategorien vorhanden sind (Haushalt, Kinder etc.). Die Kategorien schreibt ihr in die verschiedenen Zeilen der ersten Spalte. Über Spalte zwei schreibt ihr »To do«, über die dritte Spalte »In Bearbeitung« und über die vierte »Erledigt« (siehe Abbildung nächste Seite).

Dann schreibt ihr alle To-dos, die bei euch in der kommenden Woche oder dem kommenden Monat anfallen, auf Haftzettel oder verwendet die Haftzettel, die du beschriftet hast, um deinen Mental Load zu dokumentieren. Im nächsten Schritt sortiert ihr die einzelnen Aufgaben in die Kategorien unter »To do« ein und habt nun einen Überblick darüber, was in der nächsten Zeit anfällt. Übrigens ist es sinnvoll, eure Smartphone-Kalender zu synchronisieren und dort alle Termine einzutragen. So könnt ihr euer Shopfloor Board mit dem Kalender abgleichen und nachsehen, ob ihr an Termine wie den Kuchenverkauf in der Schule (»Kuchen backen«) und das Wochenende bei den Großeltern (»Packliste erstellen«, »Taschen packen«, »Blumenstrauß für Oma besorgen«) gedacht habt. Scheut euch nicht, die kleinsten Kleinigkeiten aufzuschreiben. Eine Fahrradlampe ohne Batterie wird zum großen Stressfaktor, wenn einer in der Dunkelheit los muss. Sind die Verschlüsse der Wasserflaschen verloren gegangen, gibt es morgens einen Engpass mit den Getränken. Extrem dringende Aufgaben könnt ihr mit einem roten Rand markieren. Teilt jeder Person der Familie die Farbe eines Klebepunktes zu und markiert auf den Aufgabenzetteln auf diese Weise, wer für Konzeption, Planung und Durchführung verantwortlich ist. Über die Woche haltet ihr euch auf dem Laufenden über den Stand der Dinge. Übrigens könnt ihr die Shopfloor-Methode auch für Großprojekte wie die Küchenrenovierung oder einen Umzug nutzen.

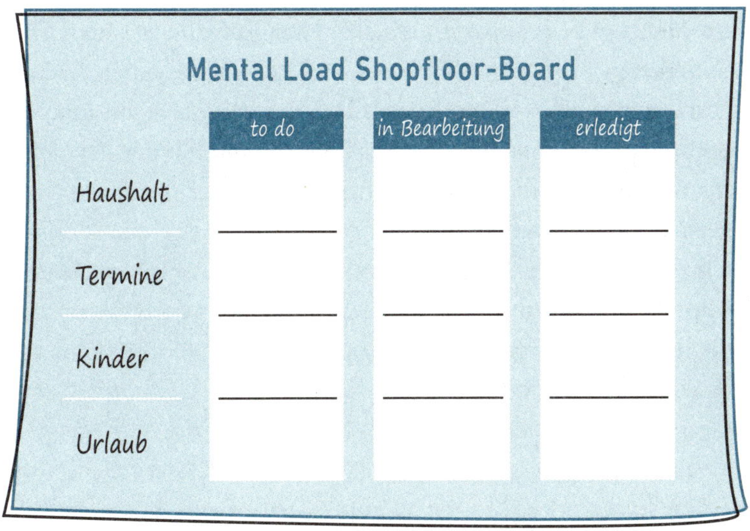

DIGITAL: APPS UND KALENDER

Auf der Suche nach einem digitalen Organisationstool haben Anton und ich uns verschiedene Apps und Programme angeschaut und uns für Trello entschieden. Die App lässt sich auf die Smartphones laden, und ihr arbeitet dann gemeinsam an euren »Projekten«. Auf der Startseite könnt ihr verschiedene Boards erstellen. Stellt euch ein Board wie einen Ordner in eurem persönlichen Regal vor. Wenn ihr dieses Board öffnet, seht ihr zunächst einmal eine leere Seite. Jetzt erstellt ihr Karten mit Haushaltskategorien. Die Karten funktionieren wie die einzelnen Register in einem Ordner. In die einzelnen Karten kommen nun untereinander gereiht eure Aufgaben. Ihr könnt die Aufgaben definieren, farblich einander zuteilen, Fristen setzen oder mit Labels markieren (wichtig, dringend, wer ist verantwortlich). Es lassen sich innerhalb der Aufgaben Checklisten erstellen (Packlisten für Reisen oder Schwimmausflüge), Fristen setzen oder Anhänge anfügen (Rezepte, Geschenkideen).

Einzelne Aufgaben scheinen oft nicht der Rede wert, aber in der Summe wird der Sommerurlaub mit Planung, Konzeption und Durchführung schnell zum Mammutprojekt. Auch ein Kindergeburtstag bedeutet viel Arbeit. In der Aufgabe mit dem Titel »Kindergeburtstag« könnt ihr Ideen und Rezepte für einen Kuchen sammeln und als Anhang hochladen, Besorgungslisten machen oder Spielideen reinschreiben. Ihr könnt innerhalb der Aufgaben Kommentare notieren und euch absprechen. Jeder, der die App öffnet, sieht, was der andere kürzlich geschrieben hat. Trello lässt sich auch mit verschiedenen Onlinekalendern synchronisieren. Das ist sehr praktisch, weil die Aufgaben dann direkt dort eingetragen werden. Alternative Organisations-Apps sind Tody, Hours, Timeorg, Evernote, Timetree oder Asana.

”

Hanna vom Blog familiert.de schreibt mir:

Da wir beide berufstätig sind, haben wir uns eigentlich schon immer den Haushalt geteilt. Dies änderte sich aber, als unser zweiter Sohn auf die Welt kam und ich bei ihm zu Hause blieb. Plötzlich wurde automatisch wesentlich mehr bei mir abgeladen, denn ich war ja zu Hause. Wir brauchten gemeinsam einen Weg aus dieser Situation, denn es stellte mich nicht zufrieden, und ich selbst habe auch wieder angefangen im Büro zu arbeiten. Wir haben mehrere Varianten ausprobiert und sind jetzt mit der Tody-App sehr zufrieden: Sie zeigt uns beiden auf, welche Räume bzw. Aufgaben am dringendsten dran sind, und wir sparen uns die Zeit der Absprache. Trotzdem können wir am Ende des Tages durch die Schwere der Aufgaben abrechnen, wer mehr gemacht hat!

KÜCHENMEETING

Anton und ich treffen uns jeden Sonntagnachmittag am Esstisch, schauen in unsere Kalender sowie in die Organisations-App auf unseren Smartphones und planen die kommende Woche. So ein regelmäßiges Treffen ist unglaublich wichtig, damit ihr eure Aufgaben im Blick habt. Besprecht die einzelnen Termine, die anstehen. Dann schaut auf die To-dos, die ihr unter der Woche eingetragen habt oder die schon länger auf der Liste stehen, und verteilt die Zuständigkeit. Läuft alles oder gibt es irgendwo Probleme? Was ist dringend oder was könnt ihr zeitlich nach hinten verschieben? Sprecht euch zusätzlich auch unter der Woche ab, denn es gibt immer mal wieder kleine Änderungen im Alltag oder Dinge, die nicht geplant waren. Wenn die Kinder nach dem Abendessen eine halbe Stunde vor dem Fernseher sitzen, reden Anton und ich über unseren Tag und wie es uns geht. Manchmal hat uns etwas im Büro oder mit den Kindern bewegt, geärgert oder gefreut – und wir halten uns damit auf dem Laufenden. Außerdem zeugt es von Interesse und Wertschätzung füreinander. Wichtig finde ich, dass die Arbeit zu Hause nicht unwichtiger ist als die im Büro. Ein berufliches Projekt hat nicht geklappt, eines der Kinder hat Ärger in der Schule? Beide Sorgen sind gleichermaßen wichtig für uns Eltern und brauchen unsere Aufmerksamkeit. Auch das ist ein Schritt, Erwerbs- und Care-Arbeit gleichermaßen wertzuschätzen. Wer morgens das Haus verlässt und ins Büro geht, erlebt nicht automatisch die spannenderen Dinge als der, der zu Hause bleibt. Ist doch so, oder?

Wir haben gemerkt, wie wichtig regelmäßige Absprachen sind und dass wir uns beide über Dinge informieren, die wir früher für unnötig hielten. Wenn beide Eltern auf dem gleichen Informationsstand sind, was die Familien-Organisation betrifft, ist es leichter, wenn einer mal zeitweise die gesamte Verantwortung abgeben möchte oder muss. Zum Beispiel wenn du mal krank bist. Noch vor einem Jahr bin ich mit einem grippalen Infekt durch die Küche gegeistert, habe die Waschmaschine gefüllt, an Termine erinnert und den Reiterhelm meiner Tochter aufgespürt. Als Anton eine Woche später krank wurde, musste er sich nicht aus dem Bett erheben, sondern konnte sich in Ruhe erholen. Auch hier ist mir wieder aufgefallen, dass ich mehr Verantwortung trage oder automatisch übernehme. Wenn jeder für sich in der Lage ist, den Alltag zu meistern, ist das auch für Notfälle praktisch, und eine kranke Mama kann sich endlich mal in Ruhe auskurieren.

Mit unserem Küchenmeeting habe ich bereits viele Zuschauerinnen meines Instagram-Kanals inspiriert, und welche Wirkung die Revolution zu Hause haben kann, zeigt dieser rührende Text von Mia:

Ich saß gerade auch eine Stunde mit meinem Mann für die Wochenplanung zusammen. Und ich habe den Rat, Konzeption, Planung und Durchführung als Paket zu verteilen, beherzigt. Fühlt sich gut an … werde berichten, wie's gelaufen ist.

Zwei Wochen später schreibt sie:

Wir haben jetzt drei Wochen Übung und waren gestern schon nach 20 Minuten fertig. Und ich bin echt erstaunt, wie viel Erleichterung das bringt. Die erste Woche habe ich morgens nur Frühstück gemacht und war sonst für nix zuständig. Und siehe da: Ich war täglich total entspannt um 7:45 Uhr im Büro, hab echt viel abarbeiten können bevor die Kollegen kamen und hatte null schlechtes Gewissen, um kurz vor drei Feierabend zu machen. Die Nachmittage mit den Kindern waren auch sehr entspannt, weil wir tatsächlich Zeit für Hobbys oder zum Spielen und Lesen hatten (…). Letzte Woche haben wir dann getauscht (…). Da muss ich zugeben, dass das schon anstrengender ist … Dafür hatte ich nur am Mittwoch einen Anschlagstermin mit dem Schulfest, zu dem ich direkt vom Büro gefahren bin. Das Fest war bei den Aufgaben meines Mannes und es war mir schnurzpiepegal, dass wir »nur« Getränke mitgebracht haben statt Waffelteig und dass wir Teller und Gläser von der Klassenlehrerin ausgeliehen haben, weil wir keine dabeihatten. (…). Ich habe es geschafft, die Aufgaben komplett abzugeben, und ich konnte auch die »Konsequenzen« ertragen. Gelernt habe ich auch was: Weil bei mir eine Aufgabe wegfällt, muss ich dafür nicht automatisch anbieten, zwei seiner Aufgaben zu übernehmen. Wenn ich meine Leistung schon so kleinrede und wenig wertschätze, wie kann das dann meine Familie anerkennen? Und damit meine ich nicht nur meinen Mann, sondern auch meine beiden Töchter.

WAS WIR GEWINNEN, WENN WIR TEILEN

Viele Mütter haben schon einige Eskalationsstufen hinter sich, von der ersten kleinen Verzweiflung und Tränen in der Küche bis hin zum Nervenzusammenbruch. Diese Überlastung durch Mental Load lässt sich mindern, wenn ihr die Aufgaben aufteilt. Indem dein Partner mehr Verantwortung übernimmt, vielleicht sogar öfter zu Hause ist und eigene Zuständigkeitsbereiche hat, entwickelt er ein Gefühl dafür, was es heißt, die Familie zu organisieren. Die Veränderung in Familien findet also langfristig statt, und die Aufteilung wird immer mal wieder im Wandel sein. Es wird auch in der Zukunft Konfliktpunkte rund um die Organisation eures Alltags geben. Du musst vielleicht wie ich weiter lernen, Verantwortung abzugeben und deinen Perfektionismus zu überwinden. Und dein Partner muss vermutlich begreifen, dass auch Kleinigkeiten große Bedeutung für die Zufriedenheit aller haben. Ehrlich gesagt könnte ich auch heute noch ab und zu verzweifeln, weil ich denke, dass Anton sich niemals um die verflixten Staubsaugerbeutel kümmern wird. Ein paar Tage später entdecke ich zufällig eine digitale Notiz in unserem Kalender und dann liegen neue Beutel im Abstellraum.

Übrigens wird sich vielleicht euer Stresslevel ein wenig verschieben. Du wirst im besten Fall entspannter und lockerer, kannst Chaos besser vertragen und musst nicht mehr alles selber backen und basteln. Aber dafür wird dein Partner zu Hause mal an seine Grenzen kommen. Eine Familie zu organisieren ist eben anstrengende Arbeit, vor allem, wenn man daran nicht gewöhnt ist. Eure neue Aufteilung wird dennoch viele positive Veränderungen mit sich bringen. Alleine die Gespräche über die mentale Last und eure gemeinsame Motivation, etwas verändern zu wollen, tun euch und eurer Beziehung gut. Im Alltag werdet ihr erleben, was für ein eingespieltes Team ihr seid, und du wirst davon profitieren, dich nicht mehr länger alleine zuständig zu fühlen. Mir geht es jetzt so: Habe ich mal mehr zu tun, bin ich nicht mehr wütend auf Anton, denn ich weiß, dass er seinen Teil beiträgt und mich nicht im Regen stehen lässt. Wenn meine Kinder mal mit schmutzigen Fingernägeln und ungekämmten Haaren in die Schule gehen, habe ich keine Angst mehr, dass sie mit einem schriftlichen Hinweis auf mangelnde Mutterqualitäten nach Hause kommen. Auch wenn das einfacher klingt als gedacht, war das ein langer Weg für mich, und auch du wirst ihn bewältigen. Wenn du nicht mehr alles alleine machen musst, hast du wieder mehr Energie und Freiräume. Das macht es einfacher, Pausen einzulegen und dich mit dir selbst und deiner eigenen Zukunft zu beschäftigen. So lernst du jeden Tag, bewusster auf dich zu schauen.

Kommt dir folgende Situation bekannt vor? Bevor wir in den Urlaub, zu Wochenendausflügen oder Tagestouren starteten, habe ich mich immer zuerst um die Familie gekümmert. Während sich Anton und die Kinder angezogen haben, packte ich Proviant, räumte auf, steckte Wechselkleider ein und brachte noch den Müll raus. Als alle marschbereit an der Tür standen und sich die Schuhe anzogen, hatte ich nicht einmal geduscht. Wir sind Gewohnheitstiere, und solange eine(r) in der Familie die Verantwortung übernimmt, ruhen sich die anderen darauf aus. Also müssen wir Mütter aktiv werden und unsere eigenen Fürsprecher sein, denn es ist sinnlos zu erwarten, dass das die anderen für uns tun. Uns auch mal zurücknehmen beim Organisieren und an uns selbst denken, wir dürfen das! Ist das nicht ein befreiender Gedanke? Wenn ihr zukünftig verreisen möchtet, erinnere dich daran. Kümmere dich auch um dich, trink einen Kaffee, atme tief durch und packt dann alle gemeinsam.

Es dauert ein bisschen, bis du diese Dinge lockerer sehen kannst, wenn du hohe Ansprüche an dich selbst stellst. Aber ich versichere dir: Männer sind ebenso wie wir Frauen in der Lage, sich liebevoll um die Kinder zu kümmern und den Familienalltag zu organisieren – lass dir bloß nichts anderes einreden. Es braucht natürlich den Willen und Zugeständnisse von euch beiden, etwas zu verändern.

Aber am Ende werdet ihr als Eltern, Liebespaar und Team davon profitieren. »Wir brauchen keinen Rollentausch, wir brauchen ein neues Team-Work-Modell, bei dem sich beide Elternteile sowohl beruflich als auch privat voll einbringen und gemeinsam Entscheidungen treffen, die widerspiegeln, was ihnen am wichtigsten ist.«[156] Tiffany Dufu hat richtig zusammengefasst, welches große Ziel hinter unserem Vorhaben steht.

Auch ihr Eltern solltet ausreichend für euch sorgen. Räumt also eurer eigenen Auszeit oder der Zeit als Paar genauso viel Priorität ein wie euren wichtigsten To-dos. Benutzt dafür wiederkehrende Haftzettel auf dem Shopfloor Board, schreibt es euch auf Karten oder tragt euch die Zeit in eure App oder den digitalen Kalender ein. Seid aufmerksam gegenüber freien Tagen wie den Wochenenden und den Ferien, verteilt die Care-Arbeit besonders dann gerecht und gönnt euch Pausen. Achtet aufeinander, gönnt euch gegenseitig Abstand von der Familie, schickt die Streber unter euch in den Pausenraum, haltet euch mit Kritik zurück und übt euch in guter Kommunikation.

ZUSAMMENFASSUNG

- *Überdenke deine eigenen Ansprüche und nutze die genannten Übungen und Entspannungstechniken, um Druck und Perfektion zu mindern.*

- *Werde dir darüber klar, welche Art Mutter du sein möchtest, und befreie dich vom Muttermythos. Entwirf deinen Mutter-Sparmodus.*

- *Ab jetzt nimmst du deinen Partner mit ins Boot! Redet über dein Mental-Load-Problem. Wende zum Erklären die erwähnten Techniken an.*

- *Mach deinen Mental Load mit Haftzetteln sichtbar. Sortiert die Aufgaben in die Rubriken Fürsorge, Haushalt und Familien-Organisation.*

- *Legt gemeinsame Standards für alle Aufgaben fest, sodass jeder genau weiß, was zu tun ist. Verteilt sie fair. Was fair ist, ist eure individuelle Entscheidung. Beachtet dabei, dass Zeit gleichwertig ist.*

- *Sucht euch das richtige Handwerkszeug, um die anfallenden Aufgaben im Blick zu behalten. Ziel ist, ein möglichst simples Tool zu finden, mit dem ihr beide gerne, schnell und effizient arbeiten könnt.*

- *Macht einmal pro Woche ein Küchenmeeting, bei dem ihr anfallende Termine plant, Aufgaben verteilt und über Schwierigkeiten sprecht. Achtet darauf, dass der »Alltagstrott« gerecht verteilt ist.*

- *Lernt beim Küchenmeeting, die To-dos zu priorisieren (und eventuell zu streichen, zeitlich zu verschieben oder zu delegieren). Lasst das Küchenmeeting niemals ausfallen, haltet es notfalls per Telefon ab*

- *Habt Geduld miteinander! Plant Auszeiten für euch alleine und als Paar, und räumt ihnen dieselbe Priorität ein wie den anderen Aufgaben.*

DIE REVOLUTION GEHT WEITER

ZEITWOHLSTAND

Hier sind jetzt viele konkrete Ideen zusammengetragen, um in euren Köpfen und zu Hause eine Revolution zu starten, aber das alleine reicht nicht. Unser Arbeits- und Wirtschaftssystem hat dringend Veränderungen nötig, solange es Frauen und Männer ausschließt, die zu Hause Verantwortung übernehmen wollen. Wir brauchen mehr Zeit, um unsere Aufgaben als Eltern erfüllen zu können, statt uns wie bisher zwischen Beruf und Familie aufzureiben. Für meine Buchrecherche habe ich mit der Sozialwissenschaftlerin Karin Jurczyk gesprochen, und sie hat mir von den »atmenden Lebensläufen«[157] erzählt. Dabei handelt es sich um ein Konzept, das sie mit ihrem Kollegen, dem Rechts- und Politikwissenschaftler Ulrich Mückenberger, sowie unter Mitarbeit von Martina Heitkötter und Shi-cheng Lien entwickelt hat, um zu mehr »Zeitwohlstand« beizutragen, der sozial und geschlechtergerecht verteilt werden soll. Hinter diesem Konzept steht ein rechtlich verbrieftes Zeitkonto, über das jeder Mensch verfügt, sobald er erwerbstätig wird, und auf das er im Laufe seines Lebens zurückgreifen kann. »Je normaler es wird, die Erwerbstätigkeit zu unterbrechen, desto leichter fällt es Männern, auch Sorgearbeit zu Hause zu übernehmen«, sagt Karin Jurczyk. Im

Konzept vorgesehen ist ein mit dem Elterngeld vergleichbarer finanzieller Ausgleich und ein »situatives Grundeinkommen«, damit auch Geringverdiener die Auszeiten in Anspruch nehmen können und kein reines Mittelschichtsförderprogramm entsteht. So, wie es jetzt ist, ist es alles andere als gerecht, und die Soziologin erklärt, wieso:

> *Das jetzige Modell der Erwerbsgesellschaft basiert auf der langen Teilzeitarbeit oder den langen Ausstiegszeiten von Frauen und hat die Sorgearbeit bisher ausgeklammert. Wenn wir aber keine Kinder, keine zufriedenen Partnerschaften, keine betreuten Kranken und Alten und keine fitten Arbeitskräfte haben, bricht alles zusammen.*[158]

Ein ganzes Bündel an Maßnahmen sei notwendig, um Veränderungen in der Arbeitswelt anzustoßen. Dabei stellt sich für Jurczyk auch die Frage, was uns welche Arbeit wert ist und welche Aufstiegschancen wir im Beruf haben. Wie ermöglichen Arbeitgeber*innen Menschen, die Sorgeverantwortung tragen, beruflichen Aufstieg? Wie werden Mitarbeiter*innen betrachtet, die sich neben der Arbeitszeit um Angehörige kümmern, und sieht das Unternehmen Sorgearbeit als Zugewinn oder als Verlust von Qualifikation?

Erwerbsarbeit müsste so organisiert werden, dass immer wieder Zeit ist für Kinder, findet Karin Jurczyk. Individuell bissen sich Eltern daran bisher die Zähne aus, selbst wenn sie gute Absichten hätten und alles anders machen wollten. Die Arbeitssoziologin kritisiert, die Vereinbarkeit von Beruf und Familie oder das Mental-Load-Problem auf die Phase zu verkürzen, in denen die Kinder klein sind, weil es auch gerade in der Pubertät schwierige Zeiten geben kann und Familienzeit wichtig ist. Zudem wird es in der Zukunft ein großes Problem geben: Immer mehr ältere Menschen müssen von weniger jüngeren Menschen versorgt werden, und zwar sowohl in der Familie als auch im Beruf. Deswegen brauchen wir ein Modell, welches das Generationengefüge über den gesamten Familienverlauf begleitet. Karin Jurczyks Konzept der atmenden Lebensläufe ermöglicht den Menschen die selbstbestimmte Nutzung ihres Zeitbudgets. Erste (vorläufige) Berechnungen empfehlen neun Jahre, die sich zusammensetzen aus sechs Jahren Sorgearbeit für Kinder, Kranke und Alte, zwei Jahre für Weiterbildung und ein Jahr für sogenannte Selbstsorge. »Das alte Drei-Phasenmodell aus Ausbildung, Erwerb und Rente war immer nur für Männer gemacht und passt einfach nicht mehr, auch weil man von einer geringeren Lebenserwartung ausgegangen ist, als wir sie jetzt haben«, sagt Jurczyk. »Es ist doch absurd, dass wir alles in die gleiche Zeitphase quetschen: Karriere machen, Kinder kriegen und pflegebedürftige Eltern versorgen, bis man am Ende erschöpft das Rentenalter erreicht. Der atmende Lebenslauf soll helfen, gesünder in die Rente zu kommen und das Leben luftiger zu machen.«

NEUE JOB-KONZEPTE

Manuela Rousseau sieht Unternehmen in der Pflicht, die richtigen Unternehmensstrukturen und Arbeitszeitmodelle anzubieten, damit Männer und Frauen gleichermaßen Karriere machen können und Zeit für Kinder oder pflegebedürftige Angehörige haben. Wenn Frauen, die jahrelang für unbezahlte Care-Arbeit verantwortlich waren und nun beruflich weiterkommen wollen, endlich die Unternehmenskultur prägen, wird die Wertschätzung dieser Arbeit steigen und Eltern eher die Möglichkeit geboten, Raum und Zeit für die Familie zu finden.[159] Vaterschutzregelungen und Arbeitsplatzsicherheit sind weitere Punkte, die Eltern unterstützen.

Wieso muss beruflicher Erfolg zwangsläufig an eine Vierzigstundenwoche geknüpft sein? Eine Lösung wäre es, dass auch Führungskräfte in Teilzeit arbeiten können. Das haben sich auch Jana Tepe und Anna Kaiser gedacht und die Plattform Tandemploy gegründet. Sie bringt Arbeitgeber mit Bewerber*innen zusammen, die sich eine

Arbeitsstelle teilen möchten. Es gibt zahlreiche kritische Stimmen gegenüber der Annahme, der Mensch müsse täglich acht Stunden und mehr berufstätig sein. Zeitnot treibt Familien in den Wahnsinn, schreibt Julia Schaaf in der FAZ und plädiert für reduzierte Arbeitszeit für alle.[160] Auch die Juristin und Frauenrechtsaktivistin Zita Küng findet, dass kein Weg daran vorbeiführt, die Wochenarbeitszeit zu verkürzen; nicht nur für Leute mit Kindern.[161]

Anton und ich haben es geschafft, unser Leben auf diese Weise zu entzerren. Wir arbeiten beide nun knapp 30 Stunden in der Woche, sparen das Geld beim Verzicht auf teure Urlaube wieder ein und haben Kinderbetreuung und Haushalt untereinander aufgeteilt. Unser Leben ist luftiger, und auch das hat meinen Mental Load drastisch reduziert.

POLITISCHE FORDERUNGEN

Die Diskussion um Mental Load ist längst nicht mehr nur Privatsache, sondern eine hoch politische und gesellschaftliche Angelegenheit. Sich mit Mental Load zu beschäftigen heißt eben auch, sich mit unserer Gesellschaft und deren Werten auseinanderzusetzen. Vorbilder für eine fortschrittliche Sozial- und Familienpolitik sind die skandinavischen Länder mit ihrer egalitär geprägten Gesellschaft. In Schweden sind die Betreuungskosten für Kinder abhängig von der Höhe des Gehalts der Eltern. Diese Regelung ist landesweit üblich, und nicht wie bei uns in Deutschland regional unterschiedlich.[162] In Dänemark, Finnland und Schweden zielt die Politik auf Geschlechtergerechtigkeit und individuelle Förderung von Kindern als Teil der Gesellschaft ab. Außerdem wird die Vereinbarkeit von Familie und Beruf angestrebt. Diese Art der Familienpolitik »wird auch als optionaler Familialismus bezeichnet, weil Frauen (beziehungsweise Mütter) eine vom Partner unabhängige Erwerbschance und soziale

Sicherung haben.«[163] Besonders oft fällt die isländische Politik auf. Nach der globalen Rezession 2008 wurde eine Frau zur Premierministerin gewählt, die eine verbindliche Frauenquote einführte, gegen ungleiche Bezahlung vorging und alle Entscheidungen dem Gleichberechtigungsgedanken unterordnete. Die Männer machten mit, denn sie wurden in ihre feministische Politik miteinbezogen.[164] Politik kann mehr Anreize schaffen, damit Eltern gleichberechtigt leben können. Dazu gehört auch, dass der Staat nicht länger das traditionelle Geschlechterverhältnis unterstützt. Eine gerechtere Steuerpolitik, die Familien aller Art entlastet und dort greift, wo Kinder sind, ist längst überfällig. Auch das Elterngeld ist eine Schraube, an der gedreht werden kann. Es muss Geringverdienern möglich gemacht werden, die Elternzeit egalitärer aufzuteilen. Ein situatives Grundeinkommen wie in Karin Jurczyks Konzept wäre hilfreich, denn Gleichberechtigung steht allen Menschen zu. Die Politik kann noch mehr tun: Wohnen ist ein Menschenrecht. Dass Sozialwohnungen in den letzten Jahrzehnten privatisiert wurden und nun mit Immobilien spekuliert wird wie mit Gold, ist eine Zumutung für die Gesellschaft. Familien ist das Wohnen in der Großstadt in manchen Teilen Deutschlands mittlerweile unmöglich geworden. Wir brauchen ein »soziales Sicherheitsnetz«, wie die Professorin Kristen R. Ghodsee fordert, um Eltern zu unterstützen, Beruf und Familie zu vereinbaren und vor allem Frauen gesellschaftliche Teilhabe zu ermöglichen.[165]

Damit nicht nur Familien aus Mittel- und Oberschicht Veränderungen angehen können, brauchen wir neben einem Umdenken in der Arbeitswelt vor allem politische Maßnahmen. Flächendeckende und hochwertige Kinderbetreuung mit ausreichendem Betreuungsschlüssel und Erzieher*innen, die ein angemessenes Gehalt bekommen, sind ein gutes Fundament, um Familien die Vereinbarkeit von Beruf und Familie möglich zu machen. Eltern teilen unbezahlte Arbeit gerechter auf, wenn es eine gut ausgebaute und qualitativ hochwertige Kinderbetreuung gibt und Frauen in größerem Umfang arbeiten gehen, wie es in Finnland und Norwegen der Fall ist.[166] Wir brauchen außerdem hochwertige Ganztagsschulen mit kindgerechten Konzepten, mit pädagogischer Begleitung, Ruhemöglichkeiten und ausreichend Angebote für Sport und Musik. Nur so entstehen gleiche Bildungschancen für Kinder aller Bildungsschichten.

UNTERSTÜTZUNG FÜR ALLEINERZIEHENDE

Mit einem umfassenden Kinderbetreuungsangebot erhalten auch alleinerziehende Eltern endlich die Unterstützung, die sie nachmittags für die Kinderbetreuung dringend brauchen, ohne ständig unter schlechtem Gewissen auf Grund von mangelnder Zeit für die Kinder leiden zu müssen. Der Mental Load, den alleinerziehende Eltern tragen, ist enorm. Sie haben kaum Möglichkeiten, die mentale Last abzugeben, und sind daher auf eine soziale Gesellschaft und mehr politische Maßnahmen angewiesen. Das deutsche Steuer- und Sozialversicherungssystem sieht nur Steuerausgleiche für die Ehe vor, die wegfallen, sobald sich Eltern scheiden lassen oder ihren Partner verlieren, denn nach zwei Jahren gelten verwitwete Elternteile als Single. Alleinerziehende sind oft auf einen Beruf in Vollzeit angewiesen und haben kaum Zeit für sich und die Kinder. »Alleinerziehende müssen sich entscheiden, ob sie für das Kind da sind oder ob Geld für das Kind da ist« heißt es in einem Zeitungsartikel.[167] Alleinerziehende Eltern brauchen unter anderem mehr Unterstützung von den Sozialkassen, die in Schweden zum Beispiel die Sozialversicherungsbeiträge aufstocken, wenn Eltern wegen ihrer Kinder weniger arbeiten. Auch eine Grundsicherung für Kinder könnte Familien in dieser Situation helfen.

Ich habe für dieses Buch mit der Buchautorin Susanne Mierau gesprochen, und sie verwies darauf, wie sehr wir auch selbst gefragt sind, uns gegenseitig zu unterstützen:

Alleinerziehende stehen vor der großen Herausforderung, dass sie oft keinen ausreichend unterstützenden anderen Elternteil haben, der sie entlastet. Gerade für Alleinerziehende ist es deswegen so wichtig, dass sie durch andere soziale Beziehungen Unterstützung finden. Und hier sind wir gefordert, als Gesellschaft umzudenken und besonders auch etwas an dem Konkurrenzdenken zu ändern, das gerade unter Frauen befördert wurde, sodass sie sich über Jahrzehnte weniger »verschwestert« haben und sich mehr am Patriarchat orientiert haben, als mehr unterstützende Netzwerke zu gründen. Wir können Alleinerziehenden nicht die Last auf die Schultern legen, sie müssten allein aus der schwierigen Situation finden, müssten sich mehr entspannen oder besser organisieren. Wir müssen – gerade wenn wir selbst in privilegierten Positionen sind – konkrete Unterstützung anbieten. Wie das im Alltag aussehen kann? Wir können gezielt Alleinerziehende in der Kita unterstützen und anbieten, das Kind mit nach Hause zu nehmen oder nach Hause zu bringen. Wir können uns zu Kochnachmittagen oder -abenden zusammenschließen oder anbieten, Einkäufe mit zu organisieren. Es kann in Kitas einen Fond geben, der dafür sorgt, dass weniger verdienende Familien/Alleinerziehende/Flüchtlingsfamilien die Zusatzkosten, die in vielen Kitas anfallen, nicht selber tragen müssen, sondern von besser verdienen Familien getragen werden. Viele Unterstützungsansätze beruhen darauf, dass wir als Gesellschaft umdenken und gemeinsam in die Verantwortung gehen müssen als soziale Gruppe.

Aktiv auf alleinerziehende Eltern zuzugehen ist hilfreich, denn oft fehlt ihnen die Kraft dazu oder sie trauen sich nicht. Möglicherweise denken sie auch, alles alleine schaffen zu müssen. Hier können wir etwas bewirken und uns gegenseitig dabei helfen, den Mental Load zu reduzieren. Damit alle Eltern von der Revolution profitieren, müssen Alleinerziehende unbedingt mitbedacht und entsprechend unterstützt werden.

CARE-ARBEIT AUFWERTEN

Care-Arbeit ist seit jeher ein weiblicher Betätigungsbereich. Das sieht man an Berufen, in denen die Sorge um andere Menschen im Fokus steht. In der Altenpflege liegt der Frauenanteil aktuell bei 84 Prozent, in der Kindertagesbetreuung bei 93,6 Prozent.[168] Dass es so viele Frauen in Erzieherberufen gibt, hat auch historische Gründe. Im 19. Jahrhundert gab es immer mehr Kindergärten, und die Kleinkindpädagogik gewann erstmals an Bedeutung. Bei der Betreuung der Kinder orientierte man sich am mütterlichen Umgang und bevorzugte das weibliche Geschlecht, was vor allem an Friedrich Fröbels geschlechtsspezifischer Pädagogik lag, nach der ein Kind die weiblich-mütterliche Liebe brauche. Weil aber der Kindergarten in Deutschland anders als in anderen Ländern nicht als Vorstufe eines einheitlichen Bildungssystems galt und dem Berufsbild weniger intellektuelle Fähigkeiten, dafür mehr Mütterlichkeit zugeschrieben wurde, erfuhr der Beruf der Erzieher*in wenig gesellschaftliche Anerkennung. Das hat sich bis heute nicht geändert, und Sparmaßnahmen im sozialen Sektor und eine geringe Entlohnung sind Belege dafür. Berufe, die traditionell als weiblich gelten, erhalten weniger gesellschaftliche Anerkennung, was eben auch an dem Mythos liegt, Frauen machten diese Arbeit »einfacher« und intuitiv.

Unsere Gesellschaft profitiert davon, dass Frauen sich fürs Kümmern verantwortlich fühlen, und baut darauf ein ganzes System auf. Das könnte in der Zukunft noch folgenreicher werden, denn es wird immer mehr ältere Menschen geben, die Pflege benötigen. Aktuelle Reformen scheinen weiterhin auf die kostenlose Pflegearbeit von Töchtern, Schwiegertöchtern, Enkeltöchtern und Ehefrauen zu setzen, sagt die Politologin Dr. Cornelia Heintze und kritisiert damit das gesamte deutsche Pflegesystem.[169] In unserer kapitalistisch geprägten Gesellschaft erfährt Care-Arbeit viel zu wenig Wertschätzung, weil diese Form der Arbeit keinen Gewinn erwirtschaftet. Wenn wir nicht anfangen, die Aufgabe von Menschen aufzuwerten, die sich um andere kümmern, und ihnen in diesem Zusammenhang auch die notwendigen Pausen und eine bessere soziale Absicherung zuzugestehen, schaden wir vor allem Frauen und letztlich der gesamten Gesellschaft. Daher ist es für mehr Geschlechtergerechtigkeit gleichermaßen notwendig, Frauen beruflich zu fördern, Care-Arbeit gerechter unter den Geschlechtern zu verteilen und sie als der Erwerbsarbeit gleichgestellte Arbeit anzuerkennen.

Fürsorgearbeit muss im beruflichen und privaten Umfeld entsprechend entlohnt werden, zum Beispiel mit höheren Gehältern für Berufe in diesem Bereich und einer umfassenderen Altersversorgung oder höheren Beiträgen in die Sozialversicherung für Menschen, die sich um Kinder oder Angehörige kümmern. Wenn finanzielle Sorgen gemindert würden und die Gesellschaft die Fürsorgearbeit als gleichwertige Arbeit anerkennen würde, wäre weniger Mental Load vorhanden, der eben auch durch Geldnöte, Angst, im Alter zu verarmen, und mangelnde Wertschätzung entsteht. Es gibt Ideen, Care-Arbeit ins Zentrum der Wirtschaft zu stellen, wie es im Text *Wer das Land am Laufen hält* heißt. So könnte zum Beispiel unbezahlte Arbeit in ökonomische Rechenmodelle mit einbezogen werden, denn der Wert der unbezahlten Arbeit beträgt etwa ein Drittel des Bruttoinlandprodukts, ist aber nicht darin enthalten. Andere Ideen sind eine höhere Grundsicherung oder ein bedingungsloses Grundeinkommen. In jedem Fall wird deutlich, dass Care-Arbeit nicht länger nur von den Frauen geschultert werden kann, die dadurch zusätzlich unter einer enormen mentalen Belastung leiden.

WAS MÄNNER TUN KÖNNEN

Es ist wichtig darauf hinzuweisen, dass die klassische Kleinfamilie ein künstliches Produkt der Industrialisierung ist. Es ist nicht wahr, dass Kinder ausschließlich die Mutter brauchen. Kinder brauchen verlässliche Bezugspersonen, und Eltern brauchen die Unterstützung der Gemeinschaft. Die Künstlerin und Filmemacherin Cesy Leonard hat dazu treffend formuliert:

> *Ich verzweifle an diesem westeuropäischen Kleinfamiliendenken. Kinder großzuziehen ist ein ganz und gar kollektiver Prozess. Das ist gut für die Kinder und vor allem für die Mütter. Warum rennen wir immer alle um 16 Uhr los, um unsere Kinder allein aus dem Hort zu holen? Viel schöner und einfacher wäre es doch, uns abzuwechseln, uns gegenseitig in der Erziehung unter die Arme zu greifen: Heute ich, morgen du.*[170]

Was die Männer betrifft, brauchen wir in der Debatte um Mental Load keine »symbolischen Väter«, wie die Journalistin Sabine Rennefanz einen neuen Typus Mann nennt, den das Elterngeld hervorgebracht habe. Er nimmt sich zwei Monate Elternzeit, inszeniert sich öffentlich als Vater und macht dabei keinerlei Abstriche, was seine berufliche Karriere angeht.[171] Eve Rodsky nennt diese Männer »Facebook-Dads«[172], denn sie lassen sich auf ihren Social-Media-Kanälen gerne für einen Ausflug auf den Spielplatz feiern. Die unsichtbare Arbeit hinter der Kamera bleibt für die Mütter übrig. Auch Männer müssen bereit sein, Abstriche in ihrer beruflichen Karriere zu machen, und zu Hause Verantwortung übernehmen. Sie müssen die Stimme erheben und für ihre Rechte als Väter kämpfen, und manchmal müssen sie einfach endlich still mit anpacken. Care-Arbeit und Familien-Organisation ist ein kollektives Elternprojekt und wichtiges Fundament unserer Gesellschaft, denn nur so ist Familie möglich. Väter, integriert euch nicht nur in die Familie, sondern gestaltet sie endlich mit! Lebt den Alltag mit euren Kindern ohne mütterliches Back-up und erschafft eigene Rituale. Ihr seid wunderbare Fürsorger, und eure Kinder brauchen euch. Die Elternzeit ist nicht dafür da, »Pause zu machen«, sondern es gibt sie, damit beiden Partnern der Weg zurück in den Beruf möglich gemacht werden kann und Väter lernen, zu Hause Verantwortung für die Familie zu übernehmen. Das ist anstrengender, als mit der Familie acht Wochen durch die Welt zu reisen. Es bringt weniger Prestige, als ein paar Wochen aufmerksamkeitsheischend das Baby durch die Szeneviertel der Großstadt zu tragen, während die Partnerin daheim den Haushalt macht, um dann wieder in den Job zurückzukehren, als wäre nichts gewesen. Aber keiner hat gesagt, dass es leicht wird, als wir uns diese Kinder wünschten! Wenn Care-Arbeit endlich auch von den privilegierten Menschen in unserer Gesellschaft gemacht wird, also von weißen Männern in heterosexuellen Beziehungen, steigen das Ansehen und der Wert dieser Arbeit.

LASST UNS LAUT WERDEN!

Machen wir es wie die Isländerinnen! 1975 legten 90 Prozent aller Frauen ihre bezahlte oder unbezahlte Arbeit nieder und gingen für Lohn- und Chancengleichheit auf die Straße. Auch in der Schweiz demonstrierten die Frauen, weil sie weniger verdienen als Männer und schlechter abgesichert sind. In einem Manifest forderten sie neben Lohngleichheit eine Anerkennung und gerechtere Verteilung von Haus- und Pflegearbeit.

Oder treten wir ein in eine Partei, die unsere Forderungen unterstützt. Solidarisieren wir Frauen uns miteinander und stellen wir uns mit Transparenten vor den Bundestag. Schreiben wir unseren Bundestagsabgeordneten und fordern wir Veränderungen. Werden wir ungeduldig, laut und wütend, weil wir keine Lust mehr auf lieb, leise und verfügbar haben. Wehren wir uns gegen rechtskonservative und frauenfeindliche Politik. Beginnen wir die Revolution zu Hause und tragen wir sie auf die Straße. Ich habe das Gefühl, wir werden viele sein.

SCHLUSSWORT

Ich habe mich gefragt, was ich im Nachhinein bei der Familiengründung anders gemacht hätte. Ich würde mich immer wieder für Kinder entscheiden, aber ich würde vorher über mich und meine Wünsche für die Zukunft nachdenken. Anton und ich würden uns zusammensetzen und über unsere Elternrollen und die Aufteilung von bezahlter und unbezahlter Arbeit sprechen. Neben dem Geld würden unsere persönlichen Neigungen eine Rolle spielen und natürlich unsere finanzielle Absicherung für den Fall, dass etwas schiefgeht. Nun haben wir es über Umwege geschafft und das Problem mit dem Mental Load fürs Erste gelöst. Aber es war anstrengend, und es hat uns viel Zeit, Streit und Nerven gekostet (und tut es noch immer).

Wenn ich mich im Internet zum Thema Mental Load äußere, fragen mich Leser*innen ab und zu, ob ich keine anderen Probleme hätte als die Frage, wer die Zahnpasta auf den Einkaufszettel schreibt. Dabei zeigt sich, wie viele Menschen es lächerlich finden, dass Frauen anfangen, sich gegen die ungerecht verteilte Arbeit zu wehren und eine Revolution zu Hause sowie in der Gesellschaft zu fordern. Mental Load ist kein »Luxus-Problem«, denn es hält uns davon ab, ein zufriedenes und freies Leben zu führen und nagt noch dazu an unserer Beziehung. Darum muss die mentale Last thematisiert werden, auch in der Öffentlichkeit und außerhalb von

Familien, die das Problem durch gerechtere Aufteilung ansatzweise lösen können. Wir haben unsere Gesellschaft darauf aufgebaut, dass sich Frauen kümmern. Wenn sie von dieser Arbeit erdrückt werden, schauen wir weg. Alle Frauen in meinem Familien- und Freundeskreis kennen dieses Problem, und mir schreiben fast täglich Mütter von der Last, die sie tragen und die sie erdrückt. Ihre Erschöpfung hat Auswirkungen auf das Familienleben, auf die Paarbeziehung und das Glück der Kinder, vor allem aber auf sie selbst. Das muss endlich aufhören! Frauen verdienen Anerkennung und Respekt, auch sie dürfen ihre Träume verwirklichen und leidenschaftlich Mutter sein, ohne sich dabei zu verlieren. Frauen sind nicht ausschließlich auf der Welt, um die Bedürfnisse anderer zu erfüllen.

Wenn wir Mütter uns weiter auf die Rolle der Familienmanagerin reduzieren lassen, werden unsere individuellen Begabungen und unsere wertvollen Beiträge im sozialen Bereich, in Vereinen, in Wirtschaft, Politik und Kunst ignoriert. Mutterschaft ist kein Kult und soll kein Mittel sein, um Frauen aus der Öffentlichkeit fernzuhalten. Wir möchten unseren Teil beitragen, sichtbar sein, unsere Stimme erheben, unsere Meinung kundtun, unsere Kunst präsentieren und aufmerksam machen auf die wertvolle Arbeit, die wir täglich in unseren Familien leisten. Dafür brauchen wir mentale Ressourcen.

Und nun bist du gefragt. Ich hoffe, ich konnte dir mit meinem Buch helfen, dich von dem Druck zu befreien, den dir der Muttermythos verursacht, und euch als Elternpaar zeigen, wie ihr die Arbeit zu Hause besser aufteilen könnt. Ich drücke die Daumen für gute Gespräche, für konstruktive Kritik und ganz viel Wohlwollen füreinander. Du bist nicht das Mädchen für alles, sondern hast es verdient, von nun an auch an dich zu denken.

ANHANG

DANK

Danke, mein Mann und bester Freund. Bei dir muss ich mich nicht verstellen, mich nicht zusammenreißen, muss keine Erwartungen erfüllen. Danke, dass ich unsere Geschichte teilen darf. Für mich ist es eine Liebesgeschichte.

Meine Kinder. Meine Jungs, ich wünsche mir, dass ihr eure Gefühle nicht verstecken müsst und niemals nur zu Besuch in eurem Leben seid, sondern es selbst und mit viel Gefühl gestalten könnt. Meine liebe Tochter, dass du niemals denkst, du bist nur hier, um zu geben. Dass du dich nicht unterkriegen lässt und mit strahlender Gewissheit spürst, dass du als Frau und Mensch stark und mächtig bist.

Lea. Ich hab dich so lieb, kleine Schwester! Danke für die Idee mit der Shopfloor-Methode, deine Babysitter-Dienste, Support bei Kindergeburtstagen und die vielen Diskussionen über Feminismus.

Mama. Frauen mit Müttern, die für ihre eigenen Bedürfnisse einstehen, haben es leichter, ihren Weg zu gehen. Laut werden und sich mit gegebenen Verhältnissen nicht zufriedenzugeben, auch wenn es anderen nicht passt, und sich mit großem Engagement für andere einzusetzen – das habe ich von dir. Danke!

Papa. Danke für die feministischen Kinderkassetten mit Liedtexten wie *Mädchen lasst euch nichts erzählen, wehrt euch, traut euch, bis es glückt* und für den Aufkleber auf meinem Baby-Hochstuhl: »Eine Frau ohne Mann ist wie ein Fisch ohne Fahrrad«. Auch wenn du findest, ich könnte mich manchmal weniger aufregen – meine feministischen Wurzeln hast du gewässert.

Nina und Marlene. Gelacht, gewütet, gekämpft. Frauen müssen zusammenhalten, denn alleine schaffen wir es nicht. In einer Welt, in der viele aus Frust über die miesen Bedingungen ihren Kolleginnen ins Knie schießen, seid ihr da, um anderen beim Aufstehen zu helfen. We rise by lifting others.

Jenny und Julia. Danke für eure Unermüdlichkeit und Stärke. Wir setzen uns ein, jede auf ihre Weise, für geflüchtete Frauen, für weibliche Macht in der Kirche, gegen Mental Load. The future is female.

Danke, meine Leser*innen und Follower*innen auf Instagram und auf dem Blog. Ich fühle mich euch verbunden. Oft wollte ich den ganzen Internet-Kram aufgeben, ihr habt mich weitermachen lassen. Daraus ist dieses Buch entstanden.

Danke, Patricia, für deine Kollegialität, dass du das Thema Mental Load nach Deutschland geholt und mich damit inspiriert hast.

Danke an Annegret Augustin, die Arbeit macht doppelt Spaß, wenn die Lektorin für das Thema genauso brennt. Danke für all Ihre Anregungen. Viele Dank an meine Lektorin Clarissa Czöppan, die mit ihrem Sprachgefühl, ihrer beeindruckenden Genauigkeit und den vielen bereichernden Ideen das Buch rund gemacht hat.

MEINE EMPFEHLUNGEN FÜR DICH

Falls du dich weiter in das Thema Mental Load einlesen möchtest, schau doch mal in meiner Akademie vorbei. Auf *www.mental-load-akademie.de* findest du Online-Kurse, Workshops und viele andere Hilfsmittel. Außerdem kannst du dir dort die Steuerboard-Tabelle im Excel-Format runterladen. Auf meinem Instagram-Kanal *mentalload_expertin* poste ich regelmäßig kleine Texte und Filme über die mentale Belastung und mögliche Lösungen für Eltern. Unter *www.froehlichimtext.de* findest du meine aktuellen Vorträge, Webinare und veröffentlichten Texte. In meinem Podcast *Lauras Mental-Load-Sprechstunde* erscheint außerdem alle zwei Wochen eine neue Folge.

Auf der Seite des Projekts *Was verdient die Frau* des Deutschen Gewerkschaftsbunds kannst du dir in der Mediathek einen Film von meinem Mental Load-Webinar anschauen: https://www.was-verdient-die-frau.de/webinare)

Die Revolution beginnt zu Hause – in diesem Sinne wünsche ich dir, liebe Leserin, alles Gute für die Zukunft und viel Raum in deinem Kopf für dich und deine Bedürfnisse.

Deine Laura

ANMERKUNGEN

1 https://www.oxfam.de/unsere-arbeit/themen/soziale-ungleichheit
2 https://www.tagesspiegel.de/wirtschaft/oxfam-studie-zu-ungleichheit-maenner-besitzen-50-prozent-mehr-vermoegen-als-frauen/25449954.html
3 Tiffany Dufu: Den Ball weiterspielen. Warum Frauen weniger von sich und mehr von anderen erwarten sollten, München 2017, S. 29.
4 Gemma Hartley: Es reicht. Warum Familien- und Beziehungsarbeit nicht nur Sache der Frau ist, München 2019, S. 29.
5 Patricia Cammarata: Aufgaben wirklich gleichberechtigt verteilen, in: https://dasnuf.de/aufgaben-wirklich-gleichberechtigt-teilen/
6 Emma: The Mental Load. A feminist comic, New York 2017.
7 Ebd., S. 7
8 Ebd., S. 13
9 Gemma Hartley: Es reicht. Warum Familien- und Beziehungsarbeit nicht nur Sache der Frau ist, München 2019, S. 13
10 Ebd., S. 32
11 Ebd., S. 33
12 Eve Rodsky: Fair Play, New York 2019, S. 11
13 Nicole Schöndorfer, Darf sie das?, in: https://www.darfsiedas.at/podcarst/detail/id-18-darf-sie-das-emotionale-arbeit-wer-macht-die-wohl.
14 Susanne Mierau: Mutter. Sein. Von der Last eines Ideals und dem Glück des eigenen Wegs, Weinheim 2019, S. 57
15 Ebd., S. 53
16 Ebd., S. 54
17 Emily und Amelia Nagoski: Stress. Warum Frauen leichter ausbrennen und was sie für sich tun können, München 2019, S. 13f.
18 Caroline Rosales: Sexuell verfügbar, Berlin 2019, S. 15
19 Ebd., S. 9
20 American Psychological Association: Father's brains respond differently to daughters then sons, in: https://www.sciencedaily.com/releases/2017/05/170525100325.htm
21 Caroline Rosales: Sexuell verfügbar, Berlin 2019, S. 10
22 Tiffany Dufu: Den Ball weiterspielen, München 2017, S. 270 f.
23 Christoph May: Toxische Männlichkeit: Von fernen Vätern, Stahlmännern & Krüppeltieren, in: https://christophmay.eu/toxische-maennlichkeit-no-more-bullshit-sorority-essay-christoph-may/
24 Doris Wolf: Wenn Schuldgefühle zur Qual werden, Mannheim 2014, S. 69
25 Betty Friedan: Der Weiblichkeitswahn oder die Selbstbefreiung der Frau, Hamburg 1970, S. 114
26 Silvia Follmann: Mach dich klein, sei still, verschwinde: Wer Frauen pathologisiert, muss sich nicht mit ihren Forderungen beschäftigen, in: https://editionf.com/thirtysomething-kolumne-silvia-follmann-frauen-kleinhalten/?mc_cid=24ec18d72a&mc_eid=3e1ba83694
27 Adelheid Müller-Lissner: Was Mädchen zu Mädchen und Jungs zu Jungs macht, in: https://www.zeit.de/wissen/2010-06/hirnentwicklung-kleinkinder-geschlechter
28 Barry Hewlett: Are the men of the African Aka tribe the best fathers in the world?, in: https://www.theguardian.com/society/2005/jun/15/childrensservices.familyandrelationships
29 Betty Friedan, Der Weiblichkeitswahn oder Die Selbstbefreiung der Frau, Hamburg 1970, vgl. S. 88f.
30 Caroline Rosales: Sexuell verfügbar, Berlin 2019, S. 123
31 Susanne Mierau: Mutter. Sein. Von der Last eines Ideals und dem Glück des eigenen Wegs, Weinheim 2019, S. 8
32 Anette Selg: Forscher entzaubern die Steinzeitklischees, in: https://www.deutschlandfunkkultur.de/geschlechterrollen-forscher-entzaubern-die-steinzeit.976.de.html?dram:article_id=342902
33 Barbara Vinken: Die deutsche Mutter, Frankfurt am Main 2007, S. 133f.
34 Ebd., S. 144f.
35 Ebd., S. 148
36 Susanne Mierau: Mutter. Sein. Von der Last eines Ideals und dem Glück des eigenen Wegs, Weinheim 2019, S. 38f.
37 Ebd., S. 36
38 Anne-Marie Slaughter: Was noch zu tun ist. Damit Frauen und Männer gleichberechtigt leben, arbeiten und Kinder erziehen können, Köln 2016, S. 110
39 Susanne Mierau: Mutter. Sein. Von der Last eines Ideals und dem Glück des eigenen Wegs, Weinheim 2019, S. 59

40 Eyal Abraham u.a.: Father's brain is sensitive to childcare experiences, in: https://www.pnas.org/content/111/27/9792
41 Veränderungen der gesellschaftlichen Rahmenbedingungen für die Familienpolitik 2019, in: https://www.ifd-allensbach.de/fileadmin/IfD/sonstige_pdfs/Rahmenbedingungen_Bericht.pdf
42 Sebastian Kollmann: Elterngeld und Elterngeld Plus: Gleichmäßige Aufteilung zwischen Müttern und Vätern nach wie vor in weiter Ferne, in: https://www.diw.de/de/diw_01.c.673478.de/elterngeld_und_elterngeld_p … wie_vor_in_weiter_ferne.html
43 Matthias Keller, Irene Kahle: Realisierte Erwerbstätigkeit von Müttern und Vätern zur Vereinbarkeit von Familie und Beruf, in: https://www.destatis.de/DE/Methoden/WISTA-Wirtschaft-und-Statistik/2018/03/realisierte-erwerbstaetigkeit-032018.pdf?__blob=publicationFile&v=4
44 Väterreport. Vater sein in Deutschland heute. Bundesministerium für Familie, Senioren, Frauen und Soziales, 2018, in: https://www.bmfsfj.de/blob/127268/2098ed4343ad836b2f0534146ce59028/vaeterreport-2018-data.pdf
45 Ebd.
46 Christina Mundlos: Mütterterror. Angst, Neid und Aggressionen unter Müttern, Marburg 2013, S. 118
47 Christina Mundlos: Mütterterror. Angst, Neid und Aggressionen unter Müttern, Marburg 2013, S. 36
48 Donna Conolly: 11 Mormon-Bloggers you should know, in: https://www.thepeculiarppl.com/business-tech/2017/9/18/11-mormon-bloggers-you-should-know-w3npb
49 Anabela Brandao, Sabine Marxen, Anne Rütten: Rollenbilder in den Sozialen Medien und ihre Auswirkungen auf die Gleichberechtigung, in: https://www.plan.de/rollenbilder-in-social-media.html
50 Helma Sick, Renate Schmidt: Ein Mann ist keine Altersvorsorge. Warum finanzielle Unabhängigkeit für Frauen so wichtig ist, München 2015, S. 28
51 Ebd., S. 29f.
52 Barbara Vinken, Die deutsche Mutter, Frankfurt am Main 2007, S. 50f.
53 Michael Lühmann: Meinungskampf von rechts, in: https://www.boell.de/sites/default/files/2015-02-meinungskampf_von_rechts.pdf
54 Ebd.
55 Gunda Windmüller: Sogenannte Tradwives werben fürs Hausfrauensein – klingt harmlos, ist es aber nicht, in: https://ze.tt/sogenannte-tradwives-werben-fuers-hausfrau-sein-klingt-harmlos-ist-es-aber-nicht/
56 Minna Dubin: The rage mothers don't talk about, in: https://parenting.nytimes.com/parent-life/mother-rage?module=editors-picks&action=click&region=2 (Übersetzung von der Autorin)
57 Christina Mundlos: Mütterterror. Angst, Neid und Aggressionen unter Müttern, Marburg 2013, S. 16
58 Ebd.
59 Andrea Harmonika: Deine Mudda, in: https://andrea-harmonika.de/2017/06/30/deine-mudda/
60 Doris Wolf: Wenn Schuldgefühle zur Qual werden. Selbstvorwürfe ablegen – sich verzeihen lernen, Mannheim 2014, S. 45f.
61 Ebd., S. 67
62 Gemma Hartley: Es reicht. Warum Familien- und Beziehungsarbeit nicht nur Sache der Frau ist, München 2019, S. 322
63 Tiffany Dufu: Den Ball weiterspielen. Warum Frauen weniger von sich und mehr von anderen erwarten sollten, München 2017, S. 98
64 Ebd., S. 111
65 Betty Friedan: Der Weiblichkeitswahn oder die Selbstbefreiung der Frau, Hamburg 1970, S. 39
66 Ebd., S. 17
67 Ebd., S. 141
68 Ebd., S. 142
69 Ebd., S. 142
70 Edie Calie: Warum die Hausarbeit in Partnerschaften auch 2018 noch großteils von Frauen gemacht wird, in: https://ze.tt/warum-die-hausarbeit-in-partnerschaften-auch-2018-noch-grossteils-von-frauen-gemacht-wird/
71 Ebd.
72 Jenny Hoch: Wenn 150%-Mamis die Väter verdrängen, in: https://www.sueddeutsche.de/leben/familie-und-partnerschaft-maternal-gatekeeping-ich-mach-das-schon-1.3202540
73 Ebd.
74 Susanne Mierau: Mutter. Sein. Von der Last eines Ideals und dem Glück des eigenen Wegs, Weinheim 2019, S. 195f.

75 Institut für Demoskopie Allensbach: Veränderungen der gesellschaftlichen Rahmenbedingungen für die Familienpolitik 2019, in: https://www.ifd-allensbach.de/fileadmin/IfD/sonstige_pdfs/Rahmenbedingungen_Bericht.pdf

76 Totale Erschöpfung: Wenn Familienarbeit krank macht, in: https://www.muettergenesungswerk.de/presse/mitteilung/totale-erschoepfung-wenn-familienarbeit-krank-macht-muettergenesungswerk-stellt-jahresauswertung-2015-vor/

77 Verena Töpper, Jochen Leffers: Väter arbeiten mehr als kinderlose Kollegen, in: https://www.spiegel.de/karriere/verblueffende-arbeitszeiten-vaeter-arbeiten-mehr-als-kinderlose-kollegen-a-803790.html

78 Elterngeld 2018: Fast 24% aller Beziehenden waren Väter, in: https://www.destatis.de/DE/Presse/Pressemitteilungen/Zahl-der-Woche/2019/PD19_22_p002.html

79 Anne-Marie Slaughter: Was noch zu tun ist, damit Frauen und Männer gleichberechtigt leben, arbeiten und Kinder erziehen können, Köln 2016, S. 65

80 https://www.diw.de/de/diw_01.c.673478.de/elterngeld_und_elterngeld_p … wie_vor_in_weiter_ferne.html

81 Teresa Bücker: Warum Männer sich schaden, wenn sie keine gleichberechtigte Elternschaft leben, in: https://editionf.com/vaeter-gleichberechtigung-rolle-bedeutung/?mc_cid=81923395ef&mc_eid=3e1ba83694

82 Teresa Bücker: Ist es radikal, alle Väter in Elternzeit zu schicken?, in: https://sz-magazin.sueddeutsche.de/freie-radikale-die-ideenkolumne/vaeter-elternzeit-88165

83 Gemma Hartley: Es reicht. Warum Familien- und Beziehungsarbeit nicht nur Sache der Frau ist, München 2019, S. 58

84 Doris Wolf: Wenn Schuldgefühle zur Qual werden. Selbstvorwürfe ablegen, sich verzeihen lernen, Mannheim 2014, S. 68f.

85 Christoph May: Toxische Männlichkeit. Von fernen Vätern, Stahlmännern und Krüppeltieren, in: https://christophmay.eu/toxische-maennlichkeit-no-more-bullshit-sorority-essay-christoph-may/

86 Martin Tapparo: Ehefrauen sterben früher, in: https://www.focus.de/gesundheit/gesundleben/vorsorge/news/lebenserwartung_aid_105678.html

87 Tiffany Dufu: Den Ball weiterspielen. Warum Frauen weniger von sich und mehr von anderen erwarten sollten, München 2017, S. 324

88 Heike Kleen: Advent, Advent, die Mutter rennt, in: https://www.spiegel.de/gesundheit/psychologie/familie-warum-muetter-immer-alles-im-kopf-haben-muessen-a-1296211.html

89 Mirriam Prieß: Burnout kommt nicht nur von Stress. Warum wir wirklich ausbrennen – und wie wir zu uns selbst zurückfinden, München 2015, S. 65

90 Ebd., S. 44

91 Lucia Ciciolla, Suniya S. Luthar: Invisible household labor and ramifications for adjustment: Mothers as captains of households, Sex Roles 2019, in: https://www.researchgate.net/publication/330847401_Invisible_Household_Labor_and_Ramifications_for_Adjustment_Mothers_as_Captains_of_Households.

92 http://www.muettergenesungswerk.de/news/1318/totale-erschoepfung-wenn-familienarbeit-krank-mach.html

93 https://www.hkk.de/infomaterial/hkk-gesundheitsreport#hkkgesundheitsreports

94 Emily und Amelia Nagoski: Stress. Warum Frauen leichter ausbrennen und was sie für sich tun können, München 2019, S. 12

95 Ebd., S 13f.

96 Im Interview: Journalistin und Autorin Lisa Ortgies, in: Flow, 37/2018

97 Tiffany Dufu: Den Ball weiterspielen. Warum Frauen weniger von sich und mehr von anderen erwarten sollten, München 2017, S. 81f.

98 Deborah Carr u. a.: Happy Marriage, Happy Life? Marital Quality and Subjective Well-being in Later Life,
https://onlinelibrary.wiley.com/doi/full/10.1111/jomf.12133

99 Anne-Ev Ustorf: Paare im Stress, in: Psychologie heute, 08/2019

100 Ebd.

101 Sandra Konrad: Das beherrschte Geschlecht. Warum sie will, was er will, München 2018, S. 37f.

102 Im Sozialismus haben Frauen besseren Sex, in: Psychologie heute, 12/2019

103 Vergewaltigung in der Ehe. Strafrechtliche Beurteilung im europäischen Vergleich. Wissenschaftliche Dienste des Deutschen Bundestages, Ausarbeitung 2008. Abrufbar unter: https://www.bundestag.de/resource/blob/407124/6893b73fe226537fa85e9ccce444dc95/wd-7-307-07-pdf-data.pdf

104 Christine Olderdissen: Das Sexualstrafrecht in der DDR: Für Frauen ein paar Lichtblicke (taz vom 13.07.1990). Abrufbar unter: https://taz.de/Das-Sexualstrafrecht-in-der-DDR-Fuer-Frauen-ein-paar-Lichtblicke/!1760042/

105 Yvonne Lott: Does Flexibility Help Employees Switch Off from Work? Flexible Working-Time Arrangements and Cognitive Work-to-Home Spillover for Women and Men in Germany, in: https://www.researchgate.net/publication/328999842_Does_Flexibility_Help_Employees_Switch_Off_from_Work_Flexible_Working-Time_Arrangements_and_Cognitive_Work-to-Home_Spillover_for_Women_and_Men_in_Germany

106 Sarah Lena Grahn: Mehr Flexibilität bedeutet mehr Arbeit – vor allem für Mütter, https://www.zeit.de/arbeit/2019-03/geschlechtergerechtigkeit-job-familie-kinderbetreuung-flexibilitaet

107 Eve Rodsky: Fair Play, New York 2019, S. 29

108 Laetitia Seybold: Die Mehrheit will zurück in den Job, in: https://www.focus.de/finanzen/karriere/berufsleben/beruf-und-familie/tid-7656/berufstaetige-muetter_aid_135719.html

109 Monika Queisser: Dare to share: Deutschlands Weg zur Partnerschaftlichkeit in Familie und Beruf, https://www.oecd.org/berlin/publikationen/dare-to-share.htm

110 Alleinerziehende sind besonders häufig arm, https://www.tagesspiegel.de/politik/armut-in-deutschland-alleinerziehende-sind-besonders-haeufig-arm/22873316.html

111 Judith Brosel u.a.: Einsam zu zweit, in: https://www.zeit.de/gesellschaft/familie/2017-07/alleinerziehende-familien-kinder-gesellschaft

112 Verena Wolff: Aussortiert und abgelegt, in: https://www.sueddeutsche.de/karriere/bewerbungen-von-muettern-aussortiert-und-abgelegt-1.1346677

113 Yvonne Lott, Lorena Eulgem: Lohnnachteile durch Mutterschaft, in: https://www.boeckler.de/pdf/p_wsi_report_49_2019.pdf

114 Mitten im Leben. Wünsche und Lebenswirklichkeiten von Frauen zwischen 30 und 50 Jahren, in: https://www.bmfsfj.de/blob/83858/928434dae7d841aadc5d2b0ef137573b/20160307-studie-mitten-im-leben-data.pdf

115 Dietrich Karl Mäurer: Täglich 12 Milliarden Stunden ohne Lohn, in: https://www.tagesschau.de/ausland/oxfam-ungleichheit-studie-davos-101.html

116 Ebd.

117 Neue Studie belegt Zusammenhang zwischen Diversität und Geschäftserfolg, in: https://www.mckinsey.com/de/news/presse/neue-studie-belegt-zusammenhang-zwischen-diversitat-und-geschaftserfolg

118 Thomas Barta u.a.: Is there a payoff from topteam diversity?, in: https://www.mckinsey.com/business-functions/organization/our-insights/is-there-a-payoff-from-top-team-diversity

119 Sheryl Sandberg: Lean in. Frauen und der Wille zum Erfolg, Berlin 2015, S. 239f.

120 Manuela Rousseau: Wir brauchen Frauen, die sich trauen. Mein ungewöhnlicher Weg bis in den Aufsichtsrat eines DAX-Konzerns, München 2019, S. 169

121 Jennifer Garcia-Alonso u.a.: Lightening the Mental Load that holds women back: in: https://www.bcg.com/publications/2019/lightening-mental-load-holds-women-back.aspx

122 Ebd.

123 Christiane Florin: Der lange Kampf für die Emanzipation, in: https://www.deutschlandfunk.de/100-jahre-frauenwahlrecht-der-lange-kampf-fuer-die.724.de.html?dram:article_id=432984

124 Barbara Vorsamer: Geben und nehmen, in: https://www.sueddeutsche.de/leben/historie-geben-und-nehmen-1.4368787

125 Ebd.

126 Barbara Vorsamer: Wer das Land am Laufen hält, Süddeutsche Zeitung Nr. 74, 28./29. März 2020

127 Matthias Janson: In der Krise halten die Frauen die Gesellschaft am Laufen, in: https://de.statista.com/infografik/21148/anteil-der-sozialversicherungspflichtig-beschaeftigten-nach-wirtschaftszweigen/

128 Barbara Vorsamer: Wer das Land am Laufen hält, Süddeutsche Zeitung Nr. 74, 28./29. März 2020

129 Interview mit Katrin Menke: Wir brauchen einen ganz anderen Blick, in: https://www.spiegel.de/kultur/literatur/familienpolitik-warum-elterngeld-zu-ungleichheit-fuehrt-a-1279831.html

130 Ebd.

131 Anne-Marie Slaughter: Was noch zu tun ist. Damit Frauen und Männer gleichberechtigt leben, arbeiten und Kinder erziehen können, Köln 2016, S. 116

132 Gemma Hartley: Es reicht. Warum Familien- und Beziehungsarbeit nicht nur Sache der Frau ist, München 2019, S. 193

133 Bernd Ulrich: Die Kunst der Effizienz, in: https://www.zeit.de/2019/31/frauen-politik-machtkaempfe-angela-merkel-maenner

134 Ebd.

135 Finnish PM Marin calls for 4-day-week and 6-hours working day in the country, in: https://www.neweurope.eu/article/finnish-pm-marin-calls-for-4-day-week-and-6-hours-working-day-in-the-country/

136 Margarete Stokowski: Rassismus als Kreislauf, in: https://www.spiegel.de/kultur/rassismus-als-kreislauf-war-da-jemand-kolumne-von-margarete-stokowski-a-f4ce15cd-eb28-4367-8911-d76f4286b009

137 Toxische Männlichkeit: Von fernen Vätern, Stahlmännern & Krüppeltieren | No More Bullshit, in: https://christophmay.eu/toxische-maennlichkeit-no-more-bullshit-sorority-essay-christoph-may/
138 Gestresste Mütter, Sendung Frau tv im WDR vom 03.02.2017
139 Caroline Rosales: Sexuell verfügbar, Berlin 2019, S. 194
140 Christina Mundlos: Mütterterror. Angst, Neid und Aggressionen unter Müttern, Marburg 2013, S. 112
141 Ebd., S. 192
142 Kathrin Borghoff: Hochsensibel Mama sein. Das Ressourcen-Buch, Weinheim 2020, S. 266f.
143 Tiffany Dufu: Den Ball weiterspielen. Warum Frauen weniger von sich und mehr von anderen erwarten sollten, München 2017, S. 142ff.
144 Ebd., S. 377
145 Anna Sinofzig: Jenseits des Zwerchfells, in: https://www.zeit.de/entdecken/2018-12/atemtechnik-zwerchfell-atmung-breathworking-stress-frequenz
146 Anne Fleischmann: Darum haben Mütter ein erhöhtes Risiko an Depressionen zu leiden – und wie man das ändern kann, in: https://de.euronews.com/2019/08/29/darum-haben-mutter-erho-ehtes-risiko-an-depressionen-zu-leiden-wie-man-das-andern-kann
147 Ebd.
148 Petra Kaminsky: Was das Smartphone mit unserem Kopf macht, in: https://www.welt.de/gesundheit/article196824853/Smartphone-Nutzung-veraendert-das-Gehirn.html
149 Friedemann Schulz von Thun: Das Kommunikationsquadrat, in: https://www.schulz-von-thun.de/die-modelle/das-kommunikationsquadrat
150 Tiffany Dufu: Den Ball weiterspielen. Warum Frauen weniger von sich und mehr von anderen erwarten sollten, München 2017, S. 84
151 Eve Rodsky: Fair Play, New York 2019, S. 115
152 Ebd., S. 242
153 Nathalie Klüver: Afterwork Family, Stuttgart 2019, S. 31
154 Stefanie Luxat: Kurz die Welt retten: meine drei Tricks, wenn alles zu viel wird, in: https://www.ohhhmhhh.de/tricksgegenzuviel/?mc_cid=e804cde461&mc_eid=b041e62b98
155 Johanna Lücke: Do you equal care? Mental Load-Selbsttest, in: https://www.feministmotherhood.de/ https://equalcareday.de/mentalload-test.pdf
156 Tiffany Dufu: Den Ball weiterspielen. Warum Frauen weniger von sich und mehr von anderen erwarten sollten, München 2017, S. 394
157 Karin Jurczyk, Ulrich Mückenberger: Atmende Lebensläufe – Utopie und zeitpolitische Baustelle, in: http://www.zeitpolitik.de/pdfs/zpm_28_0716.pdf
158 Karin Jurczyk im Telefonat mit der Autorin
159 Ebd., S. 185
160 Julia Schaaf: Frauen, lasst die Vollzeit! Und Männer: ihr auch!, in: https://www.faz.net/aktuell/stil/leib-seele/emanzipation-plaedoyer-gegen-die-vollzeitstelle-15997951.html?fbclid=IwAR2J2ClT-Q1eoDDnyNPAewpGIfvrg0AkTNsdwyG0cbQX0sG52Ffkw1LtpnjY
161 Lisa Selig: Interview mit Zita Küng, in: https://editionf.com/Interview-Zita-Kueng-Frauen-Fuehrungspositionen/
162 Christina Mundlos: Mütterterror. Angst, Neid und Aggressionen unter Müttern, Marburg 2013, S. 199
163 Familienpolitik in den EU-Staaten: Unterschiede und Gemeinsamkeiten, in: https://www.bpb.de/politik/innenpolitik/familienpolitik/246763/unterschiede-und-gemeinsamkeiten?p=all
164 Familienarbeit: Über vermeintlich inkompetente Väter und Mütter, die auch mal loslassen sollten, in: https://editionf.com/buch-gemma-hartley-es-reicht-familienarbeit-beziehung-gleichstellung/
165 Celia Parbey: Kristen R. Ghodsee: »Der Kapitalismus macht Frauen abhängig und betrachtet sie als eine Art Ware«, in: https://editionf.com/interview-kristen-r-ghodsee-kapitalismus-sozialismus-unabhaengigkeit/
166 Deutschlandstudie: Mehr Partnerschaftlichkeit in Familie und Beruf, in: https://www.oecd.org/berlin/presse/deutschlandstudie-mehr-partnerschaftlichkeit-in-familie-und-beruf-20022017.htm
167 Allein mit Kind macht arm, in: https://www.zeit.de/2014/41/alleinerziehende-armut-hartz-iv/seite-2
168 Barbara Vorsamer: Wer das Land am Laufen hält, Süddeutsche Zeitung Nr. 74, 28./29. März 2020 Ebd.
169 Cornelia Heintze: Auf der Highroad – der skandinavische Weg zu einem zeitgemäßen Pflegesystem. Ein Vergleich zwischen fünf nordischen Ländern und Deutschland, https://library.fes.de/pdf-files/wiso/11337.pdf
170 Macht es endlich attraktiv, Hausmann zu sein. Interview mit Cesy Leonard, in: https://www.transform-magazin.de/macht-es-endlich-attraktiv-hausmann-zu-sein/?mc_cid=6bb85089d9&mc_eid=3e1ba83694
171 Sabine Rennefanz: Mutter to go, München 2019, S. 167f.
172 Eve Rodsky: Fair Play, New York 2019, S. 44f.